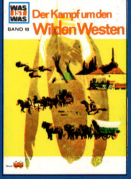 
  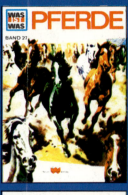  
 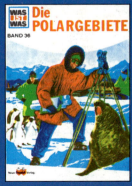   
 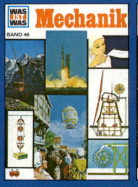  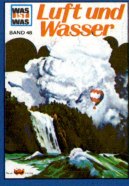

Weitere Titel siehe letzte Seite.

Ein  Buch

Pferde

Von Margaret Cabell Self

Illustriert von Walter Ferguson,
Roswitha Löhmer-Eigener und Gerd Werner

Dülmener Wildpferd

Tessloff Verlag · Hamburg

Vorwort

Irgend jemand hat einmal gesagt: „Das Pferd hat etwas in seinem Äußeren, was dem inneren Menschen gut tut." Wer dies WAS IST WAS-Buch liest, wird diese Meinung bald teilen. In lebendiger Form wird geschildert, wie sehr das Pferd seit jeher ein Freund und Helfer des Menschen ist. Der Leser gewinnt einen Eindruck von den Eigenschaften, Bedürfnissen und Verhaltensweisen dieses edlen Tieres. Wer schon Erfahrungen mit Pferden hat, findet neues Wissen und neue Einsichten. Dies Buch gibt Antwort auf die verschiedensten Fragen über Pferde. Es berichtet über die Entwicklung des Pferdes von den ersten Anfängen, als es noch nicht größer als ein Fuchs war, bis zum heutigen Tag. Es beschreibt, wie Pferde durch sorgfältige Auswahl für die verschiedensten Aufgaben gezüchtet wurden.

Wir vergessen oft, welch wichtige Rolle das Pferd in der Geschichte der Menschheit gespielt hat. Und doch hat es dank seiner Stärke, Schnelligkeit und Intelligenz die Entwicklung und das Schicksal der Menschen besonders stark beeinflußt. Ohne das Pferd hätte es keine Kurierdienste und keine Postkutschen gegeben. Auf dem Pferderücken eroberte der Mensch die Welt. Die Besiedlung weiter, unbewohnter Gebiete der Erde hätte sich ohne das Pferd lange verzögert. Und heute, nachdem das Pferd als Zug- und Tragtier von Maschinen verdrängt worden ist, entwickelt sich der Umgang mit Pferden für immer mehr Menschen zu einer schönen Freizeitgestaltung.

Bildquellennachweis: Rolf Hinz, Anthony Verlag (Deuter, Klingsöhr, Kratz, Kroenert, Mahr, R. Maier, Dr. Reisel), Bildarchiv Preussischer Kulturbesitz, dpa-Fotoreport-Color

Copyright © 1965 Wonder Books, Inc.
Copyright © 1965, 1984 bei Tessloff Verlag, Hamburg
Die Verbreitung dieses Buches oder von Teilen daraus durch Film, Funk oder Fernsehen, der Nachdruck oder die fotomechanische Wiedergabe sind nur mit vorheriger schriftlicher Genehmigung des Verlages gestattet.
ISBN 3 7886 0267/8

Inhalt

Die ersten Pferde

Wer war der Urahn unseres Pferdes?	4
Warum veränderte sich Eohippus?	5
Was bedeutet das Pferd für den Menschen?	6
Welche Pferdearten stammen von Equus ab?	6
Sahen früher alle Pferde gleich aus?	6
Woher kommen die Ponys?	7
Was bedeutet das Wort Pferd?	7

Das Pferd im Kampf

Welche Rolle spielte das Pferd in der Sage?	8
Wie sahen die ersten Streitwagen aus?	9
Wann zogen die ersten Reiter in den Kampf?	10
Wer war der berühmteste Reiter der Antike?	10
Wie wichtig war die Reiterei für die Römer?	11
Welche Reiter kamen aus Arabien?	11

Kein Ritter ohne Roß

Wie sahen die Pferde der Ritter aus?	12
Wie half das Pferd dem Ritter im Kampf?	13
Was war ein Turnier?	14
Warum ging die Zeit der Ritter zu Ende?	14

Im Wilden Westen

Wie kam das Pferd nach Amerika?	16
Was sind Mustangs, Palominos und Pintos?	17
Wozu brauchten die ersten Siedler Pferde?	18
Wie sahen die Indianerpferde aus?	18
Was war der Pony-Expreß?	19
Welche Pferde wählte man für den Pony-Expreß?	19

Das Zeitalter der Postkutsche

Wo gab es den ersten Postdienst?	20
Welche Pferde zogen die Postkutschen?	21
Wie schnell fuhr eine Kutsche?	21
Welches war die erste Straßenbahn?	22
Was war ein Treidelpfad?	22
Was hatten die Kohlenponys zu tun?	23

Das Pferd und die Jagd

Wie jagte man in der Antike?	24
Warum gibt es Fuchsjagden?	24
Was ist eine Schleppjagd?	25
Welche Kleidung trägt man bei der Reitjagd?	25

Pferde im Sport

Seit wann gibt es Pferderennen?	26
Was braucht ein gutes Rennpferd?	27
Welche Arten von Pferderennen gibt es?	27
Wie entstanden Trabrennen?	28
Was gehört zu einem Reitturnier?	30
Was sind Distanzritte?	30

Die Dressur des Pferdes

Wann begann man, Pferde zu dressieren?	32
Was mußten die Pferde der Hethiter lernen?	33
Wie erzogen die Griechen ihre Pferde?	33
Was sollten Kriegspferde lernen?	33
Wie dressierte man die Pferde im Mittelalter?	33
Was ist die Spanische Hofreitschule?	34
Wie ritten die Indianer?	35
Welche Pferde brauchten die Cowboys?	35
Was ist der italienische Springsitz?	36
Wie dressiert man Zirkuspferde?	36
Können Pferde zählen?	37

Pferde und Pferdezucht heute

Woher stammt das arabische Vollblutpferd?	38
Warum veredelt der Araber andere Pferderassen?	39
Was sind Vollblüter?	39
Was bedeutet Warmblut und Kaltblut?	40
Wer war der Ahnherr der Traber?	40
Wie trabt das Pferd im Rennen?	41
Was ist Paßgang?	41
Was ist ein Tölter?	42
Wie entstand das Trakehner Warmblutpferd?	42
Welche Pferde sieht man auf der Celler Hengstparade?	42
Zu welcher Rasse gehörte „Meteor"?	44
Welche sind die ruhigsten aller Pferde?	44
Was ist das Besondere an Ponys?	45
Welche Ponys nahmen an Olympischen Spielen teil?	45
Seit wann gibt es Isländer?	46
Welches Pferd stammt aus dem Norden?	46
Wo leben in Deutschland noch wilde Pferde?	46
Welches Pferd hilft dem Bergbauern?	47
Sind Esel und Pferd verwandt?	48
Die Zukunft des Pferdes	48

Dinictis, eine prähistorische Säbelzahnkatze, verfolgt Eohippus. Dieses Urpferdchen ist der Vorfahr unseres heutigen Pferdes.

Die ersten Pferde

Wer war der Urahn unseres Pferdes?

Vor etwa 60 Millionen Jahren lebte in den Wäldern Nordamerikas ein fuchsgroßes Tier, das ein wenig wie eine kleine Antilope aussah und an den Vorderfüßen drei Zehen hatte: Das Urpferdchen, das wir auch Eohippus nennen.

Die Skelettreste von Eohippus besitzen noch nicht viel Ähnlichkeit mit unseren heutigen Pferden. Nur die Anordnung und Beschaffenheit der Zähne zeigt schon die Verwandtschaft. Man fand aber im Laufe der Zeit so viele weitere Überreste von derartigen Tieren, daß Zoologen die Entwicklung der Art eindeutig beweisen konnten.
In Jahrmillionen entstanden viele ver-

Die Entwicklung des Pferdes vom fuchsgroßen Eohippus zum ponygroßen Equus, dem Urahn des heutigen Pferdes, dauerte viele Millionen Jahre.

*Merychippus
vor 26—27 Millionen Jahren*

*Hyracotherium
vor 64—38 Millionen Jahren*

*Mesohippus
vor 38—26 Millionen Jahren*

schiedene Nachkommen von Eohippus. Equus, der Ahne aller heute auf der Erde lebenden Pferde, blieb als einzige Art erhalten.

Warum veränderte sich Eohippus?

Eohippus lebte noch in dichten Wäldern und ernährte sich überwiegend von Laub, manchmal auch von Insekten und kleinen Tieren. Für die größeren Raubtiere war er eine willkommene und leichte Beute, denn er besaß weder Krallen oder Reißzähne noch einen Panzer oder Stacheln als Schutz. Seine einzige Rettung war das dichte Unterholz, in dem er sich bei Gefahr versteckte.

Im Laufe des Miozäns, vor etwa 20 Millionen Jahren, veränderte sich das Klima auf der Erde. Die Wälder wichen großen Steppen. Die Nachkommen von Eohippus mußten sich auf neue Lebensbedingungen einstellen: Es gab nur noch wenig Laub, dafür hartes Steppengras. Sie fanden auch kein Versteck mehr, wenn ihnen Raubtiere nachstellten; schnelle Flucht war die einzige Möglichkeit, ihnen zu entgehen. Im Laufe von Jahrtausenden wurde aus dem kleinen Waldtier ein schnellfüßiger Steppenbewohner.

Wir alle wissen, daß man auf Zehenspitzen schneller läuft als auf dem flachen Fuß. Auch Eohippus begann, auf den Zehen zu laufen. Seine Mittelzehe (die längste) wurde immer kräftiger, während die übrigen Zehen allmählich verkümmerten.

Die Entwicklung vollzog sich natürlich nicht geradlinig. Zahlreiche Nachkommen von Eohippus liefen weiter auf drei Zehen; sie starben aber aus. Nur eine einzige Art blieb übrig und führte zu den einhufigen, modernen Pferden: Pliohippus, der vor etwa 7 Millionen Jahren in Nordamerika lebte. Er sah unseren heutigen Pferden schon recht ähnlich, war aber viel kleiner als sie.

Zu verschiedenen Zeiten waren Nachkommen von Eohippus über die damals bestehende Landbrücke zwischen Alaska und Sibirien von Nordamerika nach Asien eingewandert. Die meisten Arten starben wieder aus, aber Equus – der als letzter im Pleistozän vor etwa 1½ Millionen Jahren gekommen war – überlebte in der alten Welt. In Nord- und Südamerika starben alle Pferde in der Nacheiszeit aus. Erst vor 500 Jahren kamen mit den Spaniern wieder Pferde nach Amerika.

Pliohippus
vor 5–2 Millionen Jahren

Equus
vor 2 Millionen Jahren bis heute

Was bedeutete das Pferd für den Menschen?

Seit der Zeit, als die Nachkommen von Eohippus zu Steppenbewohnern wurden, konnte das Pferd drohenden Gefahren nur durch Flucht entgehen. Es entwickelte also große Schnelligkeit und Ausdauer. Diese Fähigkeiten machte sich der Mensch zunutze. Auf dem Rücken des Pferdes war er seinen Feinden überlegen, konnte leichtfüßiges Wild einholen, und Nachrichten schnell übermitteln.
Der Mensch zähmte Wildrinder, um sie als Arbeitstiere, Milch- und Fleischlieferanten zu verwenden. Auch das Pferd spannte er vor Pflug und Wagen. Aber erst als er es zum Reittier machte, wurde es zu seinem wertvollsten Besitz. Berühmte Herrscher und Feldherren ließen sich hoch zu Roß darstellen. Die Namen der Pferde Alexanders, Napoleons und Friedrich des Großen sind bis heute bekannt: Bukephalos, Marengo und Condé.

Der Tarpan oder das asiatische Steppenwildpferd war früher vom Ural über ganz Mittelasien bis in die Mongolei verbreitet. Er ist heute wahrscheinlich ausgerottet und nur noch in wenigen Tiergärten erhalten.

Welche Pferdearten stammen von „Equus" ab?

Die Urpferde, die aus Nordamerika eingewandert waren, verbreiteten sich bald über ganz Europa, Asien und Afrika. Sie lebten in Gegenden mit weichem, fruchtbarem Sumpfboden ebenso wie in schroffen Gebirgen, trockenen Wüsten und Steppen. Entsprechend bildeten sich verschiedene Typen heraus: Die Pferde der Sumpfgebiete hatten meist kräftige Körper und breite, weichere Hufe. Gebirgspferde dagegen waren klein und zierlich, ihre Hufe schmal und hart. Auch die Farbe des Fells paßte sich der Umgebung an. In waldreichen Gegenden lebten meist Pferde mit dunklem Fell, während die Wüsten- und Steppenbewohner gelblich-grau gefärbt waren.

Sahen früher alle Pferde gleich aus?

Wie Equus, der Urahn der heutigen Pferde, Esel und Zebras, ausgesehen hat, wissen wir nicht genau. Besser kennen wir drei Wildpferdarten, die sich aus Equus entwickelt haben: das Südrussische Steppenwildpferd, auch Steppentarpan genannt, den Waldtarpan und das Östliche Steppenwildpferd, das unter dem Namen Przewalski-Pferd bekannter ist. Diese Arten lebten vor 200 Jahren noch in Europa. Heute sind sie ausgerottet. Nur das Przewalski-Pferd wird noch in Zoos gezüchtet. Dieses Wildpferd wird bis 130 cm hoch, hat dichtes, gelbgraues Fell, einen klobigen Kopf, eine dunkle Stehmähne und dunkle Beine.
Der Südrussische Steppentarpan, kurz Tarpan genannt, ist zierlicher und hat

graues Fell. Am deutlichsten hat sich dieses Wildpferd in den russischen Panjepferden erhalten, die ebenfalls graues Fell und einen schwarzen Strich (den Aalstrich) vom Genick über den ganzen Rücken bis zur Schweifwurzel haben.
Der Waldtarpan war der kleinste der drei Wildpferdarten. Er lebte in den Wäldern Mittel- und Osteuropas und war vermutlich kein so guter Läufer wie das Przewalski-Pferd und der Steppentarpan. Zoologen gehen davon aus, daß unsere heutigen Hauspferde von allen drei Wildpferdarten abstammen.
Aus ihnen züchtete der Mensch alle heute bekannten Pferderassen: die schweren Kaltblüter, die Lippizaner, die uns eine Vorstellung von den mittelalterlichen Pferden geben, die vielseitigen Hannoveraner und die nervigen Vollblüter, die wir von den Galopprennbahnen kennen. Die Verwandtschaft mit den kleinen Wildpferden ist ihnen allen kaum noch anzusehen. Nur das Araberpferd zeigt noch Ähnlichkeit mit dem längst ausgestorbenen Steppentarpan.

Woher kommen die Ponys?

Ponys entwickelten sich auf den europäischen Inseln und im Norden Skandinaviens, aber auch im extremen Klima der Camargue in Südfrankreich. Der karge, steinige Boden, ständiger Wind, Kälte, Nässe oder große Hitze formten die kleinen Pferde, die sommers wie winters im Freien leben können und selbst mit kärglichster Nahrung auskommen.
Ponys gelten als „Primitivpferde", als Abkömmlinge sehr ursprünglicher Rassen, die sich bis heute kaum verändert haben. Als Vorfahren des Camargue-Pferdes nimmt man das vorgeschichtliche Solutré-Pferd an, das vermutlich in späterer Zeit mit spanischen Rassen gekreuzt wurde.
Die nordeuropäischen Ponys stammen wahrscheinlich alle von dem Tundrenpony ab, das nach Meinung vieler Fachleute im englischen Exmoor-Pony fast unverändert erhalten geblieben ist. Durch Kreuzungen mit Pferden aus dem Süden Europas sind die heute bekannten verschiedenen Ponyrassen entstanden. Tiere vom Typ des Exmoor-Ponys hat es übrigens vermutlich auch in Nordamerika noch gegeben. Fossile Skelettfunde aus jüngster Zeit deuten jedenfalls darauf hin.

Was bedeutet das Wort „Pferd"?

Für uns verbindet sich mit dem Wort Pferd die Kraft, Schnelligkeit und Schönheit dieses Tieres. Es überrascht deshalb, daß dieses Wort vom mittellateinischen „paraveredus" abgeleitet ist, das soviel bedeutet wie „Postpferd". „Pferd" bezeichnet also ein Zugtier vor einem Reise- oder Postwagen.
Die Wörter „Hengst", „Stute" und „Roß" dagegen sind germanischen Ursprungs. Mit „Stute" wurde eine Herde von Pferden bezeichnet; Herden bestehen in der Regel nur aus Stuten und einem Hengst sowie den Fohlen und Jährlingen. Dieser ursprüngliche Wortsinn hat sich in Begriffen wie „Gestüt" und „Stutbuch" erhalten.

Das Überleben des Przewalski-Pferdes ist durch Zucht in Zoos gesichert.

Römische leichte Kavallerie im Kampfgetümmel.

Das Pferd im Kampf

Für die Menschen der Steinzeit war das Pferd nichts anderes als ein Wildtier, das man jagen konnte. Zu Beginn der Bronzezeit aber, um 3000 v. Chr., begannen Stämme in Asien und später auch Nord- und Westeuropa, Pferde zu zähmen. Sie spannten sie vor Wagen und setzten sich auf ihren Rücken, um zu reiten. Die Pferde verliehen den Stämmen, die sie gezähmt hatten, Macht und Ansehen. Entfernungen waren nun leicht zu überwinden, sei es, um Handel mit anderen Stämmen zu treiben oder in unbekannten Gegenden zu jagen, sei es, um Kriege zu führen und Eroberungszüge zu unternehmen.

Auch in den Religionen, Mythen und Legenden Europas und Asiens nahm das

Welche Rolle spielte das Pferd in der Sage?

Pferd bald eine besondere Stellung ein. Der germanische Göttervater Odin wurde meist auf seinem achtfüßigen Roß Sleipnir dargestellt; Helios, der griechische Sonnengott, fuhr der Sage nach in einem vierspännigen Wagen von Ost nach West über den Himmel, ebenso Utu bei den Sumerern, Surja bei den Indern und Sol bei den Römern. Auch die Germanen glaubten, daß die Sonne auf einem Wagen liege, der von einem Pferd über den Himmel gezogen werde. Im dänischen Trundholm wurde eine Darstellung des Sonnenwagens aus dem 12. Jh. v. Chr. gefunden.

Wie sahen die ersten Streitwagen aus?

Die frühesten Darstellungen von Streitwagen finden wir auf Reliefs aus dem alten Sumer (3. Jahrtausend v. Chr.). Die Wagen besaßen vier Räder, die an starren Achsen befestigt waren und recht schwerfällig gewesen sein müssen. Wendiger waren die Wagen der Hethiter, Assyrer und Ägypter, die um 1600 v. Chr. überall im Orient benutzt wurden. Sie hatten nur eine Achse, die weit hinten unter dem Wagen angebracht war, so daß die Pferde einen Teil des Gewichts mit der Deichsel trugen. Auf jedem Wagen standen der Fahrer und ein oder zwei Bogenschützen.

Die Streitwagen, an deren Radnaben oft sensenähnliche Messer befestigt waren, bildeten in den antiken Heeren die mächtigste und gefährlichste Waffe. Sie hatten die Aufgabe, in dichter Linie gegen den Feind zu stürmen, das Fußvolk

Pegasus, das göttliche, geflügelte Pferd der griechischen Mythologie.

Assyrischer Streitwagen auf einer Löwenjagd (um 740 v. Chr.).

*Oben: Der Göttervater Odin auf dem achtfüßigen Leipnir.
Links: Der ägyptische Pharao Ramses III. im Streitwagen.*

niederzuwerfen und die Schlachtreihen aufzulösen. Oft waren die Pferde dressiert. Sie rasten ohne Zügelhilfen in einer Reihe auf den Feind zu, so daß auch der Fahrer kämpfen konnte.

Wann zogen die ersten Reiter in den Kampf?

Der Einsatz der Reiterei in Schlachten war bis um 1000 v. Chr. in Vorderasien, Ägypten und Griechenland unbekannt. Vielleicht waren die Pferde damals noch zu klein, vielleicht galt es auch als zu gefährlich, die schnellen Tiere zu besteigen.

Die Assyrer gehörten zu den ersten Völkern, die Reiter in der Schlacht einsetzten. Bei ihnen lernten die Griechen diese „Waffe" kennen, die vor allem in unwegsamem Gelände viel beweglicher und schneller war als die Streitwagen. Streitwagen traten für den Kampf in den Hintergrund, wurden aber in sportlichen Wettkämpfen eingesetzt. Bei den ersten Olympischen Spielen im Jahre 776 v. Chr. gehörten auch Wagenrennen zu den Wettkampfarten.

Wer war der berühmteste Reiter der Antike?

Alexander der Große errang mit seinen Reiterabteilungen große Erfolge, vielleicht die größten in der Geschichte der Kavallerie. Er selbst war ein begeisterter Reiter und Pferdefreund. Um ihn ranken sich viele Legenden. Eine erzählt von ihm und seinem berühmten Hengst Bukephalos:

An den Hof seines Vaters Philipp, des Königs von Makedonien, kam eines Tages ein Pferdehändler aus Thessalien, dem wichtigsten Pferdezuchtgebiet in Griechenland. Er hatte ein großes Roß bei sich, das nicht sehr schön war, aber so eindrucksvoll, daß Philipp sich dafür interessierte. Einer der Höflinge wollte es probereiten, doch Bukephalos buckelte und bockte – niemand konnte ihn besteigen.

Da ging der 13jährige Alexander auf ihn zu, drehte ihn mit dem Kopf zur Sonne, so daß er weder seinen noch den Schatten des Reiters sehen konnte, bestieg ihn und galoppierte davon. Als er zurückkam, sagte sein Vater voller Stolz zu ihm: „Mein Sohn, ich sehe, Makedonien wird jetzt zu klein für Dich!" Alexander ritt Bukephalos in allen seinen Schlachten.

In der berühmten Schlacht bei Gaugamela im Jahre 331 v. Chr. fand sich Alexander einem Heer gegenüber, das

Alexander der Große (356–323 v. Chr.) auf seinem Pferd Bukephalos.

seinem eigenen weit überlegen war. Sein Gegner, der persische König Darius, hatte Elefanten, Tausende von Streitwagen und viele Kavallerie-Abteilungen aufmarschieren lassen, dazu noch eine große Anzahl von Fußsoldaten. Alexander hatte auf seiner Seite 7000 Reiter und 40 000 Fußsoldaten.

Er setzte seine Truppen jedoch so geschickt ein, daß sie die starren Schlachtreihen des Gegners von der Seite und von hinten angriffen. Die Streitwagenreihen konnten ihre Fronten nicht so schnell wechseln, behinderten sich selbst und wurden von den Griechen vernichtet. Nach diesem Sieg über Darius hatte Alexander die Perser endgültig geschlagen.

Wie wichtig war die Reiterei für die Römer?

Im alten Rom spielte die Reiterei militärisch kaum eine Rolle. Die Römer brauchten schnelle Pferde für ihre Wagenrennen und zuverlässige Postpferde für ihren weitverzweigten Kurierdienst. Für ihre Schlachten ließen sie meist von den Feldherren im Kriegsgebiet eine Reiterstaffel aufstellen; auf ihrer Seite kämpften auch germanische und gallische Reiter. Außerdem hatten sie eine leichte Kavallerie, die aus nordafrikanischen Reitern mit ihren kleinen, schnellen Pferden bestand. Diese Reitertruppe war kaum gepanzert und bewaffnet, konnte aber dank ihrer Schnelligkeit den Feind empfindlich treffen.

Welche Reiter kamen aus Arabien?

Kämpfer zu Pferde waren auch die Araber, die im 7. Jahrhundert n. Chr. zur Eroberung der damaligen Welt aufbrachen. Auf ihren leichten, feurigen Rossen, die Stunden um Stunden ohne Nahrung und Wasser durch die Wüste galoppieren konnten, waren sie nur schwer zu besiegen. Pferde waren für den Orientalen mehr als nur Fortbewegungsmittel: Sie waren Kameraden, die am Leben der Menschen teilhatten und ebenso hoch geschätzt waren wie sie. Sie galten als wertvollster Besitz.

Vom 8. bis zum 11. Jahrhundert n. Chr. beherrschten die Mauren die iberische Halbinsel. Sie beeinflußten in dieser Zeit mit ihren Pferden die Zucht der Andalusier, die später als die idealen Ritterpferde galten und in ganz Europa zur Zucht verwendet wurden.

Berittene Araber im Kampf.

Kein Ritter ohne Roß

Wie sahen die Pferde der Ritter aus?

Die Ritter des Mittelalters boten ein ganz anderes Bild als die Reiter der Antike. Sie trugen schwerere Rüstungen – zunächst Kettenhemd und Brustpanzer, später eine Art Kettenpanzer und schließlich Eisenrüstungen, die bis zu 60 kg wogen; die Reiter waren damit völlig unbeweglich, wenn sie nicht zu Pferde saßen und mußten sich von ihren Knappen beim Aufsteigen helfen lassen.

Ein Ritter brauchte kein leichtes, temperamentvolles Pferd, sondern ein starkes, das ihn tragen konnte und gleichzeitig schnell genug war, um einen Gegner im Galopp zu verfolgen. Die Streitrosse der Ritter waren zumeist kräftige Kaltblüter, die durch Kreuzung mit orientalischen Vollblütern veredelt worden waren. Mit unseren heutigen Brauereipferden sind sie nicht zu vergleichen, eher schon mit den eleganten Lipizzanern, die von den im Mittelalter sehr geschätzten spanischen Pferden abstammen.

Schwere Pferde wurden nicht nur für Krieg und Turnier gebraucht, sondern auch zum Beispiel für die „Roßbahre", ein sehr beliebtes Transportmittel. Die Roßbahre war eine Sänfte, die vorn und hinten von einem Pferd getragen wurde. Schlechte Wege spielten bei einer Reise mit diesem Gefährt keine Rolle.

Viele Güter beförderte man mit Packpferden; dazu brauchte man keine schönen, stattlichen, sondern starke und vor allem ausdauernde Pferde. Kräftig und zäh mußte auch das Handpferd sein, mit dem der Ritter seine Rüstung, Waffen und Verpflegung transportierte.

Nicht nur die Ritter, auch ihre Frauen saßen gern hoch zu Roß. Sie bevorzugten die eleganteren Zelter, auch Tölter genannt, die auf Paßgang dressiert waren. Sie hatten besonders weiche, schaukelnde Gänge und waren deshalb angenehm und bequem zu reiten.

Die Bauernpferde des Mittelalters unterschieden sich sehr von den edlen Ritterrossen. Sie waren meist klein, struppig und ähnelten noch stark ihren Wildpferdahnen.

Reisen in einer Roßbahre, einer von zwei Pferden getragenen Sänfte, waren bequemer als der lange Ritt auf dem Pferderücken.

Kaiser Maximilian I. zu Pferde, 1508.

|Wie half das Pferd dem Ritter im Kampf?|

Ein gut dressiertes Schlachtroß trug nicht nur seinen Reiter im Kampf, sondern unterstützte ihn auch wirksam dabei. War der Reiter von feindlichem Fußvolk umzingelt, erhob sich das Pferd auf die Hinterbeine, während der Reiter mit dem Schwert um sich hieb. Diese Figur hieß „Levade". Sprang das Pferd nun auf den Hinterbeinen drei oder vier Sätze vorwärts, konnte es den Ring der Angreifer durchbrechen. Diese Sprünge nannte man „Courbette". Hatte der Reiter sich auf diese Weise seinen Feinden entzogen, ließ er sein Pferd einen Luftsprung ausführen, bei dem es mit den Hinterbeinen kräftig ausschlug. Diese Figur hieß „Capriole". Hinter dem ausschlagenden Pferd war nun ein freier Platz entstanden, denn kein Fußsoldat näherte sich den gefährlichen Hufen. Nach dem Luftsprung landete das Pferd auf seinen vier Beinen, machte aber blitzschnell auf den Hinterbeinen eine volle Drehung – eine „Pirouette" – und stürmte mit seinem Reiter durch die eben geschaffene Lücke davon. Die „Capriole" konnte der Reiter natürlich auch gegen andere Berittene einsetzen. Die Wirkung der wuchtig ausschlagenden Pferdehufe war immer furchtbar.

Diese Leistungen der schweren mittelalterlichen Schlachtrosse muten uns unglaublich an. Wir können dieselben Figuren jedoch noch heute bei den Vorführungen der Lipizzaner in der Spanischen Hofreitschule in Wien bewundern.

Neben ihrem Streitroß führten die Ritter Handpferde mit sich, die Rüstung, Waffen und Verpflegung trugen. Zum Transport von schweren Lasten nahm man kleine, robuste Packpferde. Der Herr selbst ritt auf einem Tölter.

Das Turnier war ein ritterlicher Zweikampf, bei dem der Gegner mit der Lanze aus dem Sattel gehoben werden mußte.

Was war ein Turnier?

Die Turniere gehörten zu den großen Festen des Mittelalters, an denen auch Frauen teilnehmen durften. Sie beobachteten die Kämpfe der Ritter von einer Tribüne aus, und oft war die Liebe einer Frau höchster Preis im Kampf. Manchmal befestigten Ritter den Schleier oder Handschuh einer Dame an Helm oder Schild, um ihr auf diese Weise ihre Ergebenheit zu zeigen. Die Turnierkämpfe begannen meistens mit dem *Buhurt,* bei dem zwei Mannschaften gegeneinander stürmten und die Ritter einander aus dem Sattel zu werfen versuchten. Anschließend folgte der *Tjost,* der ritterliche Zweikampf. Auch hierbei ging es darum, den Gegner mit der Lanze aus dem Sattel zu stoßen. Obwohl nach festen Regeln gekämpft und die ursprünglich scharfen Waffen bald durch stumpfe ersetzt wurden, kam es bei Turnieren häufig zu Todesfällen. Oft war der Zusammenprall der Ritter so stark, daß Roß und Reiter stürzten. Bei einem Turnier in Neuß im

Jahre 1241 sollen fast 100 Ritter durch Staub und Hitze in ihren Rüstungen erstickt sein.
Ursprünglich hatten Turniere als Training für die Ritterkämpfe im Krieg gedient. Im Laufe der Zeit wurden sie jedoch immer mehr zu glanzvollen Festlichkeiten, zu denen Ritter von nah und fern herbeikamen. „Glücksritter" zogen von Turnier zu Turnier und bestritten ihren Lebensunterhalt aus den Gewinnen, die sie dort kassierten. Beim Tjost war es nämlich üblich geworden, Geldpreise auszusetzen; außerdem fielen dem Sieger meist Pferd und Rüstung des Verlierers zu. Das waren erhebliche Werte: Um 1274 kostete ein Turnierpferd in Basel 200 Mark Silber, das wären heute etwa 100 000 Mark. Der unterlegene Ritter galt als Gefangener des Siegers und konnte sich von ihm durch Lösegeld freikaufen. Auch dabei wechselten große Summen den Besitzer. Turniere blieben jahrhundertelang prächtige Veranstaltungen, für die die Ritter sich und ihre Pferde besonders schmückten. Die Pferde wurden mit bunten Wappendecken behängt, der Ritter hatte auf Schild oder Tartsche (ein nur den Oberkörper deckender, gebogener Schild) sein Wappen aufgemalt und trug eine prächtige Helmzier, die aus Federbüschen oder Darstellungen von Tieren bestehen konnte. Meist hatte er auch einen Wappenrock übergehängt, der in seinen Farben leuchtete.

Turniere waren in Deutschland bis zum Ende des 16. Jahrhunderts weit verbreitet. Zwar hatte die Kirche sie vom 12. bis zum 14. Jahrhundert verboten, weil sie diese Vergnügungen für zu weltlich und unernst hielt, doch die Ritter hatten sich nicht darum geschert. In Frankreich fanden keine Turniere mehr statt, nachdem König Heinrich II. im Jahre 1559 bei einem dieser Feste ums Leben gekommen war.

Die schweren Ritterrüstungen hatten ihre Träger gegen Schwerter, Lanzen und Pfeile gut geschützt. Mit dem Aufkommen von Musketen und Kanonen zu Beginn des 15. Jahrhunderts aber wurden sie wirkungslos. Die Ritter wurden abgelöst von weniger schwer bewaffneten Söldnerheeren, die mit leichteren Pferden in den Kampf zogen. Die Reiterei, jetzt meist Kavallerie genannt, blieb bis zum Zweiten Weltkrieg bestehen.

Warum ging die Zeit der Ritter zu Ende?

Im Wilden Westen

Wie kam das Pferd nach Amerika?

Als die spanischen Entdecker unter Cortez im Jahre 1519 an der Ostküste Mexikos landeten, führten sie eine kleine Reitereinheit von 16 oder 18 Pferden mit. Die Indianer hatten nie zuvor Pferde gesehen und hielten deshalb die Reiter für übernatürliche Wesen.

Für die Spanier waren Pferde bei der Eroberung des weiten Landes unentbehrlich. Zunächst gab es aber nur Hengste in der Neuen Welt, denn es galt als Schande, eine Stute zu reiten. Wenn ein Tier starb, mußte Ersatz aus dem Mutterland geschickt werden. Mit der Zeit wurde das dem König aber zu kostspielig, und er erließ ein Gesetz, demzufolge mit jedem Schiff auch einige Stuten in die

Die Indianer waren vorzügliche Reiter auf ungesattelten Pferden. Sie herrschten über die weiten Prärien, bis die weißen Pioniere kamen, um den nordamerikanischen Westen zu besiedeln.

neuen Kolonien gebracht werden mußten. Schon um 1500 gab es auf der Insel Hispanolia (heute Haiti) ein Gestüt. Die Pferde verbreiteten sich schnell. Überall, wo sich spanische Siedler niederließen, wuchsen große Herden heran. Die Indianer verloren ihre Scheu vor den unbekannten Tieren und begannen, entlaufene Tiere einzufangen, verwilderte zu zähmen oder auch zahme zu stehlen.

Die Mustangs, die noch heute in einigen

Was sind Mustangs, Palominos und Pintos?

Gegenden der USA wild leben, stammen von den Pferden ab, die die Spanier nach Amerika mitbrachten. Indianer und Siedler fingen sie später ein und züchteten sie weiter. Meist waren es Andalusier, in deren Adern auch Blut reinrassiger Araber floß. Das Leben in der Wildnis veränderte diese Tiere: Ihre Nachkommen waren kleiner, drahtiger und anspruchsloser. Sie zeigten äußerlich wieder mehr Ähnlichkeit mit ihren arabischen Ahnen.

Einige Indianerstämme begannen, systematisch Pferde zu züchten. Die Nez Percé bevorzugten gefleckte Pferde, die nach Fellzeichnung, Ausdauer, Härte, Schnelligkeit und Gutartigkeit ausgewählt und gepaart wurden. Es entstand die Rasse der Appaloosas, die heute (zahlenmäßig) die drittgrößte der Welt ist.

Auch die Vorfahren der Palominos, ebenfalls eine weitverbreitete amerikanische Rasse, brachten die Spanier in die Neue Welt. Palominos besitzen eine herrliche silbergraue Mähne, einen gleichfarbigen Schweif und ein golden schimmerndes Fell. Augen und Hufe sind dunkel. Die Leibgarde der Königin Isabella, die die Entdeckungsreise des Columbus finanzierte, ritt solche Pferde. Deshalb werden sie auch Isabellen genannt.

Schließlich entstand in Amerika die Rasse der Pintos, kleine gescheckte Pferde, die oft als Inbegriff des Indianerponys gelten. Pintos sind ebenso wie Appaloosas sehr zäh und ausdauernd, dabeit gutartig und sehr gelehrig.

Die gescheckten Pintos wurden von den Indianern gezüchtet.

Ankunft der Siedlertrecks im Wilden Westen. Ohne das Pferd, das die schweren Planwagen zog, hätten die großen Trecks nicht durchgeführt werden können.

Wozu brauchten die ersten Siedler Pferde?

Die unberührten, weiten Prärien Nordamerikas, das milde Klima und der fruchtbare Boden lockten zahllose Siedler aus Europa an, die sich eine neue Existenz aufbauen wollten. Doch eine Reise in den Westen war gefährlich: Krankheiten und Hunger, schlechte Wege, schwere Regengüsse oder lange Hitzeperioden machten sie zur Strapaze; außerdem drohten immer Überfälle von Indianern, die ihr Land zu verteidigen versuchten, oder von Banditen, die in den schwer bepackten Wagen lohnende Beute vermuteten.

So schlossen sich die Familien, die sich im Westen niederlassen wollten, mit ihren Wagen zu großen Trecks zusammen. Ortskundige Führer mit ihren Begleitern übernahmen das Kommando, erkundeten das Gelände, hielten das Vieh zusammen und beschützten die Siedler bei Überfällen. Während die schweren Planwagen meist von Ochsen gezogen wurden, weil nur wenige Pioniere sich Pferde leisten konnten, mußten die Begleiter beritten sein. Sie mußten schnell immer dort helfen, wo Not am Mann war; davon hing oft das Wohlergehen des ganzen Trecks ab.

Wie sahen die Indianerpferde aus?

Die Lebensweise vieler Indianerstämme veränderte sich durch das Pferd völlig. Um 1650 begannen die Spanier das Gebiet um den Rio Grande im heutigen Texas zu besiedeln, und nur wenig später waren die meisten Indianerstämme des Südwestens beritten. Die Indianer erbeuteten viele Pferde bei Überfällen auf spanische Siedlungen, aber etliche Pferde entliefen auch und verwilderten. Sie breiteten sich durch Handel und Diebstahl nach Norden aus. Schon um 1805 wurden Ojibwa-Indianer, die im Gebiet der Großen Seen im Norden der heutigen USA lebten, bei der Bisonjagd zu Pferde beobachtet.

Die Pferde der Indianer waren meist kleiner als die der Siedler, aber ebenso ausdauernd und zäh wie ihre arabischen Ahnen. Die Indianer ritten wie die

Beduinen ohne Sattel und Zaumzeug; nur ein schmaler Lederriemen wurde um den Unterkiefer des Pferdes gebunden und reichte aus, um es zu lenken.

Die Indianerponys, wie sie wegen ihrer geringen Größe auch genannt wurden, reagierten auf die leisesten Hilfen ihrer Reiter und waren wohl sanftmütiger als die meisten Pferde der Siedler.

Was war der Pony-Expreß?

Als der Westen Nordamerikas besiedelt wurde, erkannte man bald, wie wichtig die Verbindung zu den Städten des Ostens war. Bei Schnee und Unwetter wurden besonders in den Gebirgen die Wege nahezu unpassierbar. Um aber die Verbindung zu den neuen Siedlungen im Westen regelmäßig aufrechtzuerhalten, gründete man 1860 eine Gesellschaft, die unter dem Namen „Pony-Expreß" berühmt wurde. Die Aufgabe dieser Organisation war es, Nachrichten und wichtige Dokumente von St. Joseph am Missouri nach Sacramento in Kalifornien zu befördern. Gründer des Pony-Expreß war die Speditionsfirma Russell, Majors & Waddell. Sie kaufte 500 widerstandsfähige Pferde und warb 80 kräftige und möglichst kleine Männer an. Im Abstand von 10 bis 15 Meilen wurden Stationen eingerichtet, in denen sich jeweils ein Schmied und zwei Männer aufhielten. Auch einige Pferde standen bereit, eines davon stets gesattelt. Ertönte nun in der Ferne das Horn des näherkommenden Kuriers, stürzten die Männer mit dem gesattelten Pferd hinaus, um den herangaloppierenden Postreiter in Empfang zu nehmen. In größter Eile wurde der Postsack auf das frische Pferd geschnallt, der Reiter schwang sich wieder in den Sattel, und weiter ging der Ritt. Die Zeit für das Umpacken des Postsackes auf das frische Pferd war auf genau 2,5 Minuten festgesetzt. Oft ritt der Kurier aber nicht weiter, sondern wurde von einem anderen Mann abgelöst, wenn er seine Aufgabe, die Entfernung zwischen vier Stationen zurückzulegen, erfüllt hatte; später wurde die Strecke auf acht Stationen erhöht.

Welche Pferde wählte man für den Pony-Expreß?

Nur die zähesten und schnellsten Pferde konnten hierfür in Frage kommen. Man suchte deshalb besonders geeignete Mustangs für diesen Kurierdienst aus. Die Pferde kannten die Strecke genau und setzten auch dann ihren Weg fort, wenn der Reiter einmal vor Erschöpfung aus dem Sattel fiel. Einmal erschossen Indianer den Postreiter, aber das Pferd trug den Toten und den Postsack sicher bis zur nächsten Station. Das Unternehmen bestand nur 18 Monate, dann wurde es durch Eisenbahn und Telegraphendienst ersetzt.

Einen großen Gewinn warf der Pony-Expreß nicht ab, obgleich die Postgebühren recht hoch waren – nämlich 5 Dollar für einen Brief von einer Unze (fast 30 Gramm) Gewicht. Aber in diesen 18 Monaten gewann die Organisation ein so großes Ansehen, daß der Name „Pony-Expreß" für alle Amerikaner zu einem Symbol für Mut, Schnelligkeit und Zuverlässigkeit wurde.

Die Pferde des Ponyexpreß waren schnell und ausdauernd.

Das Zeitalter der Postkutsche

Wo gab es den ersten Postdienst?

Die Nachrichtenübermittlung durch Reiter ist eine sehr alte Einrichtung. Schon um 550 v. Chr. gab es in Persien einen regelmäßigen Kurierdienst mit reitenden Boten, die an festen Stationen die Pferde wechselten, neue Post annahmen oder selbst eine Pause machten. Auch die alten Römer hatten einen gut organisierten Kurierdienst in ihrem großen Reich eingerichtet.

Bei uns wurde ein solcher Postdienst erst sehr viel später geschaffen: Gegen Ende des 12. Jahrhunderts waren Boten zwischen den wichtigsten Orten regelmäßig zu Pferde unterwegs. Dieser Kurierdienst wurde aber nur von Königen, Fürsten oder wohlhabenden Kaufleuten in Anspruch genommen. Im Jahre 1502 erhielt die Familie Thurn und Taxis das Postmonopol, das sie bis 1871 behielt. Überall wurden nun Postdienste zwischen den größeren Städten eingerichtet. Erst um 1650 fuhren die Boten mit schweren Wagen, auf denen sie größere Sendungen und auch Passagiere mitnehmen konnten. Bis dahin waren die Menschen entweder zu Fuß oder, wenn sie reich genug waren, auf eigenem Roß gereist. Während die ersten Kutschen noch sehr hart und unbequem waren, boten die, die man 40 Jahre später einsetzte, schon einige Bequemlichkeit: Sie waren gefedert, hatten gepolsterte Sitze mit Rückenlehnen, ein Verdeck und Fenster. Die erste dieser neuen Postkutschen verkehrte ab 1690 zwischen Nürnberg und Frankfurt am Main. Vom selben Jahr an befuhr eine Kutsche für sechs Personen und Gepäck auch die Strecke zwischen Leipzig und Frankfurt am Main.

Der Hackney, ein englisches Kutschpferd

Deutsches Kutschpferd

Französisches Kutschpferd

Welche Pferde zogen die Postkutschen?

Einen großen Fortschritt für die Benutzung von Pferdewagen brachte die Entwicklung des Kummetgeschirrs im Mittelalter. Im Altertum verstand man es noch nicht, ein Pferd so vor den Wagen zu spannen, daß es seine Kraft ungehindert einsetzen konnte. Die hocherhobenen Pferdeköpfe, die wir auf manchen Reliefs bewundern, sind nicht Ausdruck edler Haltung, sondern zeigen, daß das Brustblatt den Tieren die Luftröhre zudrückte.

Die Zugpferde vor den Postkutschen des 17. Jahrhunderts, meist vier oder sechs an der Zahl, konnten bei dem Kummetgeschirr ihre ganze Kraft aufwenden, um die ungefügen Wagen über die schlechten und oft verschlammten Straßen zu ziehen. Gebraucht wurden für diese Aufgabe kräftige, nicht zu schwerfällige, Pferde.

Die stärksten Pferde spannte man als Stangenpferde ein, das heißt, sie gingen als erstes Paar vor dem Wagen an der Deichsel und mußten das Gefährt in der Richtung halten oder auf abfallenden Straßen bremsen. Um die schwere Postkutsche besser lenken zu können, ritt der Postillion auf dem links von der Deichsel gehenden Pferd, dem Sattelpferd, und hielt das rechte, das Handpferd, am Zügel. Die beiden Vorderpferde lenkte er mit Leinen.

Später, als die Straßen besser ausgebaut und die Kutschen leichtgängiger wurden, nahm die Reiselust der Menschen zu; die alten Zugpferde erschienen ihnen nun zu langsam. Jahrhundertelang war die Pferdezucht nicht sehr systematisch betrieben worden. Nun, im 18. Jahrhundert, wurden Gestüte gegründet, in denen auf ein bestimmtes Zuchtziel hingearbeitet wurde: In Deutschland, Frankreich und England entstanden elegante, temperamentvolle Kutschpferde, von denen der englische Hackney am bekanntesten wurde und bis heute gezüchtet wird. Hackneys sind kräftig, schnell und haben einen eleganten weitausgreifenden Trab. Sie waren das Ergebnis der Kreuzung zwischen einfachen Landpferden und Arabern sowie englischen Vollblütern.

Wie schnell fuhr eine Kutsche?

Um 1815 brauchte eine gewöhnliche Postkutsche für die Strecke Hamburg–Berlin vier Tage. Mit der Extrapost, die bedeutend schneller fuhr, konnte man schon in 10 Stunden von Leipzig nach Dresden fahren.

Bis zur Mitte des 19. Jahrhunderts nahm man für Reisen die Postkutsche. Dann wurde sie von der Eisenbahn verdrängt.

Um die Mitte des 19. Jahrhunderts wurden die Postkutschen von einem neuen, schnelleren Verkehrsmittel verdrängt: der Eisenbahn. Noch bis zum Ersten Weltkrieg waren Kutschen jedoch aus dem Straßenbild der Städte und Dörfer nicht wegzudenken. Danach erst wurden sie vom Auto abgelöst. Zu den beliebtesten Kutschpferden gehörten damals die russischen Orlow-Traber.

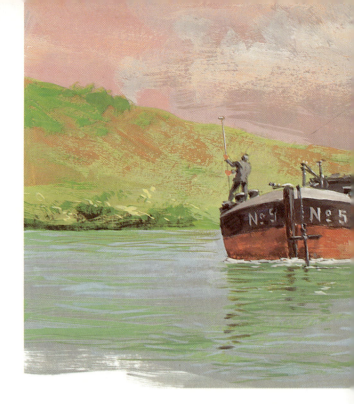

In den ersten Jahren des 19. Jahrhunderts begannen die Städte in einem ungeheuren Tempo zu wachsen. Fabriken entstanden, die Menschen zogen vom Land in die Stadt, um dort Arbeit und Brot zu suchen. London und Paris, Berlin und Wien erreichten Ausdehnungen, die es immer schwieriger und zeitraubender machten, von einem Stadtteil zum anderen zu gelangen.

Welches war die erste Straßenbahn?

1832 nahm die erste Pferdebahn der Welt, die Vorläuferin von Straßenbahn und Omnibus, in New York ihren Dienst auf; 1854 folgte Paris, 1865 Berlin, 1866 Hamburg, 1872 Leipzig, Frankfurt/M., Dresden, Hannover und viele andere Städte. Pferdebahnen wurden zu einem riesigen Erfolg, und auch in Kleinstädten wurden Linien eröffnet. Um 1880 standen 100 000 Pferde im Dienst von 500 Gesellschaften in 300 Städten. Ein einzelnes Pferd konnte mit der Pferdebahn etwa 30 Personen befördern.

Trotz dieser enormen Leistung wurden Pferdebahnen schon in den 80er Jahren des vorigen Jahrhunderts durch elektrisch angetriebene Bahnen ersetzt; 1882 fuhr in Berlin die erste elektrische Straßenbahn der Welt. 1886 folgten die ersten Dampfstraßenbahnen. Nur in Kleinstädten hielten sich Pferdebahnen noch weit bis in unser Jahrhundert. In Stadthagen bei Hannover zum Beispiel verkehrte die Bahn bis 1930 auf der Linie Stadtmitte.

Was war ein Treidelpfad?

Schon im Mittelalter wurden Lastkähne von Menschen und Tieren am Ufer stromaufwärts gezogen – sie wurden „getreidelt". Der hierfür angelegte, etwas erhöhte Weg am Ufer von Kanälen

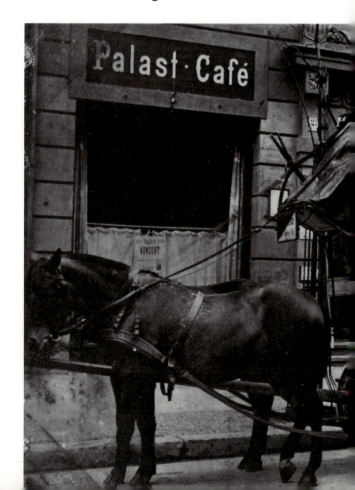

22

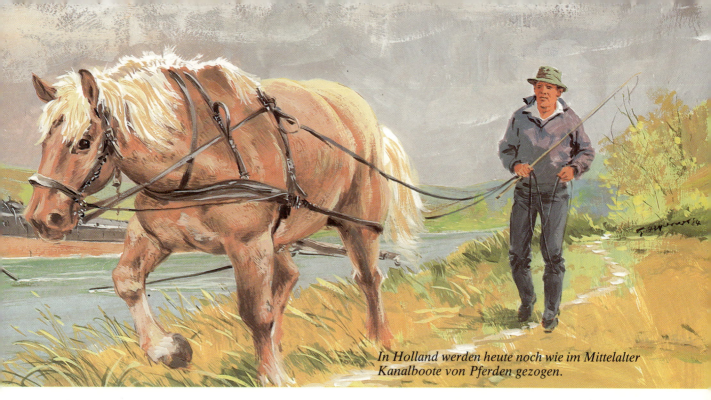

In Holland werden heute noch wie im Mittelalter Kanalboote von Pferden gezogen.

und Flüssen hieß Treidelpfad. Natürlich wurden für diese schwere Arbeit vor allem kräftige Zugpferde eingesetzt. Aber nicht nur Lastkähne zogen die Pferde über die Flüsse, auch Gesellschaftsausflüge wurden auf diese Weise veranstaltet. Oft waren es prunkvoll ausgestattete Schiffe, auf denen gegessen, getanzt und gespielt wurde. Das Pferdegespann am Ufer konnte ausgewechselt werden, denn das Schiff führte meist sogar einige Reservepferde mit.

Was hatten Kohlenponys zu tun?

Traurig war das Los der Ponys, die im vorigen Jahrhundert in England in den Bergwerken und Kohlengruben arbeiten mußten. Gut 16 000 Ponys, etwa das Doppelte des heutigen Ponybestandes der Insel, wurden unter Tage eingesetzt. In 3000 Arbeitsstunden im Jahr zog ein Kohlenpony seinen Wagen fast 5000 km weit und bewegte in dieser Zeit etwa 3000 Tonnen Kohle. Beliebt waren für diesen harten Dienst besonders die kleinen Shetland-Ponys, die das Zwanzigfache ihres Gewichts ziehen können, wenn sie trainiert sind.

Viele der Kohlenponys erblindeten im Laufe der Jahre, weil sie ständig dem Ruß und Kohlenstaub unter Tage ausgesetzt waren und nur selten ans Tageslicht kamen.

Der Berliner Pferde-Omnibus der Linie 28 (um 1910).

Reiter und Meute auf einer Schleppjagd.

Das Pferd und die Jagd

Wie jagte man in der Antike?

Ein Relief aus dem 7. Jahrhundert v. Chr. aus dem Palast in Ninive zeigte den Assyrer-König Assurbanipal bei der Jagd. Sein Pferd ist nicht gesattelt, sondern trägt nur eine Decke. Der König hat die Zügel zusammengebunden und über den Hals des Pferdes gelegt, um beide Hände für Pfeil und Bogen frei zu haben. Mit gewaltigen Sätzen jagt das Pferd dem Wild nach, geschmeidig sitzt der Reiter auf seinem Rücken. Die Assyrer lenkten ihre Pferde wahrscheinlich wie die Araber und später die Indianer vorwiegend durch Schenkeldruck und Zuruf. Prachtvolle Reliefs von reitenden Jägern finden wir auch am Alexandersarkophag aus Sidon. Mit dem Speer in der Faust sprengen hier die Jäger Löwen entgegen, die damals noch in Europa heimisch waren.

Warum gibt es Fuchsjagden?

Fast überall auf der Welt, wo Reitsport betrieben wird, finden auch Reitjagden statt. In England reitet man noch heute Fuchsjagden, bei denen der Fuchs zum Schluß von den Hunden

Assyrer-König auf Löwenjagd (um 650 v. Chr.).

der Meute totgebissen wird. Der Zweck der Fuchsjagd war ursprünglich, den roten Räuber kurz zu halten, weil er als Geflügeldieb und Tollwutüberträger Schaden anrichtete. Im Laufe der Zeit wurde daraus ein gesellschaftliches Ereignis, für das sogar eine besondere Pferde- und eine Hunderasse gezüchtet wurden: Hunter und Beagle.

In Deutschland sind Hetzjagden hinter lebenden Tieren heute zum Glück verboten. Den Fuchs „spielt" jetzt ein Reiter, der sich als Erkennungszeichen einen Fuchsschwanz an die Schulter heftet und voranreitet. Dieser Fuchsschwanz muß im letzten Teil der Jagd in einem Wettrennen – zu Fuß oder zu Pferde – erbeutet werden.

Bei Schleppjagden, die hinter einer Meute von Hunden geritten werden, reitet einer der Jagdteilnehmer vorher die Strecke ab und verteilt „Fuchslosung" als Geruchs-Spur für die Hunde.

Was ist eine Schleppjagd?

Die Strecke, die geritten werden soll, ist vorher genau festgelegt und mit einigen natürlichen Hindernissen wie Baumstämmen, Hecken oder Erdwällen versehen worden. Der Master bestimmt Tempo und Richtung und die Piköre führen das Feld der Reiter an. Sie sorgen auch dafür, daß die Reiter immer genügend Abstand zu den Hunden haben, damit keine Unfälle passieren.

Natürlich dürfen Jagdhornbläser bei keiner Jagd fehlen. Zum Auftakt und Ausklang blasen sie alte Jagdsignale und geben der Jagd so einen festlichen Rahmen. Den Abschluß bildet das Stelldichein mit Halali: Reiter, Pferde und Meute sammeln sich am Lagerfeuer. Die Hunde bekommen ihr Curée, Fleisch, das die Jagdbeute ersetzen soll; den Reitern überreicht der Gastgeber kleine Eichenzweige – sogenannte Brüche – als Zeichen ihrer Teilnahme und als Erinnerung.

Jeder kennt die Kleidung, die auf Reitjagden getragen wird: roter Rock, weiße Hose, schwarzer Hut. Oft gehört auch eine weiße Halsbinde

Welche Kleidung trägt man bei der Reitjagd?

anstelle einer Krawatte dazu. Der junge Reiter, der zum erstenmal an einer Jagd teilnimmt, erscheint noch nicht im roten Rock. Er trägt eine schwarze Jacke, bis er sich als guter Jagdteilnehmer erwiesen hat. Diese auffallende Kleidung hat ihren besonderen Grund. Ein leuchtend rot gekleideter Reiter ist im Gelände gut zu erkennen. Die Halsbinde mit der Nadel kann bei kleineren Unfällen als Notverband dienen.

In England trugen die Mitglieder des veranstaltenden Jagdclubs früher zur Jagd hohe, schwarze Seidenhüte, während die Gäste eine Derbykappe oder einen runden, schwarzen Hut aufsetzten. Der Grund dafür lag in der Hutsteuer, die erhoben wurde, um eine Jagd zu finanzieren: Der Master ging vor dem Start herum, um bei den erwachsenen Gästen Geld einzusammeln. Dank der verschiedenen Kopfbedeckungen konnte er sofort sehen, wer zu zahlen hatte und wer nicht.

*Römische Wage[n]
rennen fanden reg[el]
mäßig in den groß[en]
Arenen sta[tt].*

Pferde im Sport

Seit wann gibt es Pferderennen?

Wann und wo das erste Pferderennen stattfand, wissen wir nicht genau. Es kann in China oder Persien, in Arabien oder Germanien gewesen sein, denn überall, wo die Menschen Pferde besaßen und züchteten, waren sie auch stolz auf die Schnelligkeit ihrer Tiere und wollten sie erproben. Schon bei den Olympischen Spielen des Altertums wurden seit dem 7. Jahrhundert v. Chr. Galopp- und Wagenrennen ausgetragen. Wagenrennen gehörten später auch zu den beliebtesten Volksbelustigungen im Alten Rom; eine lebendige Darstellung eines solchen Rennens findet sich in dem historischen Roman „Ben Hur".

Im 17. Jahrhundert begann man in England, Pferde gezielt auf Schnelligkeit zu züchten. Man kreuzte arabische Vollbluthengste mit englischen Stuten der jeweiligen Gegend, die sich in Rennen ausgezeichnet hatten. Die Fohlen aus diesen Verbindungen wurden nur dann zur Weiterzucht verwendet, wenn auch sie sich auf der Rennbahn bewährt hatten. So entstanden die Englischen Vollblüter, eine reine Leistungsrasse, die zahllose Warmblutzuchten beeinflußt hat. Noch heute wird nach dem Prinzip der Leistungsauslese weitergezüchtet. Eine große Rolle spielen dabei die fünf Zuchtrennen: das „Derby", das seit 1780 in Epsom gelaufen wird, das „St. Leger" (seit 1776 in Doncaster), das „Oaks", das „1000-" und das „2000-Guineas". In diesen Rennen starten nur dreijährige Pferde.

Die erste Rennbahn in Deutschland wurde 1822 in dem kleinen mecklenburgischen Badeort Bad Doberan eröffnet. Heute ziehen auch bei uns Pferderennen zahlreiche Zuschauer und Wettlustige an. Wie in England gibt es bei uns fünf Zuchtrennen, die für die deutsche Vollblutzucht wichtig sind. Das bekannteste ist das Deutsche Derby, das in Hamburg-Horn gelaufen wird.

Was braucht ein gutes Rennpferd?

Kurz gesagt: Schönheit und edle Abstammung machen noch kein gutes Rennpferd, auch wenn die meisten Tiere, die erfolgreich sind, über beides verfügen. Auf dem grünen Rasen kommt es allein auf Schnelligkeit und Mut an. Herz, Lunge, Muskeln und Sehnen müssen dem Pferd Kraft und Ausdauer geben. Damit ein Vollblüter (denn andere Rassen haben in diesen Wettbewerben keine Chance) Erfolg haben kann, muß er nicht nur über gute Erbanlagen verfügen, er muß auch sorgfältig aufgezogen, gepflegt und trainiert werden. Ein Fohlen, das zum Rennpferd ausgebildet werden soll, wird meist mit einem Jahr eingeritten und einem Trainer übergeben. Mit zwei Jahren nimmt es an den ersten Rennen teil. Bewährt es sich, so kann es als Dreijähriges in den wichtigen Zuchtrennen starten, die dann über seine weitere Laufbahn entscheiden.

Erfolgreiche Rennpferde sind außerordentlich teuer. Der Kentucky-Derby-Sieger „Spectacular Bird" soll 1980 für rund 41 Millionen Mark verkauft worden sein.

Welche Arten von Pferderennen gibt es?

Rennen werden nicht nur auf der flachen Bahn ausgetragen, wo am besten die Schnelligkeit eines Tieres gemessen werden kann. Es gibt auch Hindernisrennen, bei denen es auf Geschicklichkeit ankommt. Eines der berühmtesten, aber auch berüchtigsten Hindernisrennen ist das Grand National

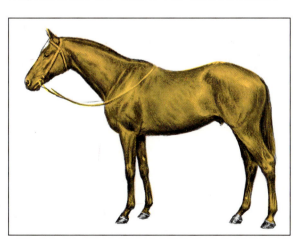

„Man O War" gehört zu den berühmten Rennpferden, mit denen die Besitzer viel Geld verdienen.

Galopprennen beim Münchner Oktoberfest (um 1800).

27

Bei einem Hindernisrennen überspringen die Pferde Hecken, Wassergräben und Mauern.

Traber können vor dem Sulky eine Geschwindigkeit von über 50 km/Std. erreichen.

Steeplechase, das in Aintree bei Liverpool stattfindet. Es ist ein Jagdrennen mit festen Hindernissen, Wassergräbern, Steilufern, Hecken und Mauern, bei dem es oft zu Stürzen mit bösen Folgen kommt.
Harmloser sind Hürdenrennen, bei denen nur Reisighecken übersprungen werden, an denen sich ein Pferd nicht verletzen kann. Die Streckenlänge beträgt bei Pferderennen zwischen 1000 und 4800 Metern.

Wie entstanden Trabrennen?

Die englischen Puritaner, die sich als Siedler in Amerika niederließen, hatten für Pferderennen (und die damit immer verbundenen Wetten) nicht viel übrig; Trabrennen aber ließen sie durchgehen. So versammelten sich am Sonntag die Bauern und Pferdebesitzer des Ortes, um die Geschwindigkeit ihrer Pferde im Trab zu prüfen. Trabrennen

Bei Galopprennen kommt es allein auf die Schnelligkeit des Pferdes an.

wurden in Amerika bald so beliebt wie bei uns die Galopprennen oder Springturniere. Man begann für diese Rennen eine spezielle Pferderasse zu züchten: die amerikanischen Standardbred-Traber. Wie bei der Zucht der Englischen Vollblüter galt dabei als oberster Maßstab die Leistung eines Pferdes. Das ist bis heute so geblieben. Um die Jahrhundertwende setzte sich der Trabrennsport auch in Deutschland und Frankreich durch. 1874 wurde der Hamburg-Altonaer Renn- und Traber-Club gegründet, 1895 das erste deutsche Traber-Derby in Berlin veranstaltet.

Der Werdegang eines Trabers ist dem eines Galopp-Rennpferdes sehr ähnlich. Auch er kommt als Jährling in den Rennstall und bestreitet als Zweijähriger sein erstes Rennen. In dieser Zeit muß er das Wichtigste für einen Traber lernen: in einem Rennen nicht anzugaloppieren, denn sonst wird er disqualifiziert.

Während wir in Deutschland nur Trabrennen vor dem Sulky (dem leichten Wagen) kennen, gibt es in Amerika zusätzlich Rennen im Paß, einer Art von Trab, und in Frankreich Wettbewerbe im Trabreiten.

Eine zierliche, eigensinnige Stute, deren

Seit wann gibt es Springturniere?

Abstammung noch nicht einmal genau bekannt war, wurde in den Jahren nach dem Zweiten Weltkrieg weltberühmt und trug dazu bei, daß Springturniere zum Inbegriff von Reitsport wurden: „Halla". Sie gewann zwischen 1952 und 1960 unter ihrem Reiter Hans Günther Winkler fast alle international wichtigen Springen, darunter zweimal (1954 und 1955) die Weltmeisterschaft, die Europameisterschaft (1957) und das olympische Einzelspringen (1956).
Springturniere gibt es erst seit Beginn unseres Jahrhunderts. Sie sind beim Publikum äußerst beliebt. Große Turniere sind internationale Ereignisse, an denen sich Reiter aus aller Welt beteiligen.

Ob Weltmeisterschaft oder Dorfturnier

Was gehört zu einem Reitturnier?

– für Reiter und Pferde gelten im Prinzip die gleichen Regeln. Voraussetzung für die Teilnahme an kleinen Turnieren ist für den Reiter die Mitgliedschaft in einem Reiterverein, für große Turniere muß er sich vorher durch Siege qualifiziert haben. Darin erschöpfen sich schon die Unterschiede, sieht man von der unterschiedlichen Höhe und Anordnung der Hindernisse auf dem Springplatz ab.
Bei jedem Reitturnier werden nicht nur Springprüfungen geritten, es gibt auch Vielseitigkeits- und Dressurprüfungen.

Bei der Dressur kommt es darauf an, den Gehorsam des Pferdes und die Harmonie zwischen Pferd und Reiter in allen Gangarten zu zeigen. Die Vielseitigkeitsprüfungen, auch Military genannt, sind die schwersten Wettbewerbe im Reitsport. Eine Military besteht aus Dressur, Springen und Geländeritt; die Ergebnisse aller drei Prüfungen zusammen entscheiden über Sieg oder Platz für Pferd und Reiter.

Zunehmender Beliebtheit, besonders

Was sind Distanzritte?

unter Freizeitreitern, erfreuen sich Distanzritte. Früher wurden solche Wettbewerbe vor allem als Schulung für Militärpferde veranstaltet. Distanzritte (oder auch Fahrten mit der Kutsche) gingen über mehrere hundert Kilometer, wie zum Beispiel die Distanzfahrt von Berlin nach München im Jahre 1889. Die Gespanne brauchten für die 635 Kilometer sieben Tage.
Heute sind Distanzritte vor allem deshalb beliebt, weil die Reiter dabei mit ihrem Pferd bei Wind und Wetter in freier Natur zusammen sind und sich und ihr Tier gründlich prüfen können.
Auf Distanzritte, die meist über Entfernungen zwischen 50 und 160 Kilometer gehen, muß der Reiter sich lange vorbereiten. Besonders gute Fütterung und gezieltes Training sind notwendig, damit das Pferd einen solchen Marathon-Geländeritt gesund übersteht.
Bei einem Wettbewerb werden diese Kontrollen sowie Untersuchungen auf Lahmheit oder Verletzungen von Tierärzten an der Strecke durchgeführt. Verletzte oder schwache Pferde müssen sofort ausscheiden, nur die durchtrainierten gelangen ans Ziel. Erst die Abschlußuntersuchung, die 24 Stunden nach dem Ritt stattfindet, entscheidet über die Plazierung.

Der Militaryreiter durchquert beim Geländeritt den Wassergraben.

Der Springreiter Alwin Schockemöhle auf „Warwick Rex".

Dressurreiten bei einem Military.

Die Pferdedressur gehört zu den Höhepunkten einer Zirkusvorstellung.

Die Dressur des Pferdes

Wann begann man, Pferde zu dressieren?

Die frühesten Aufzeichnungen über Pflege und Dressur von Pferden stammen von Kikkuli, der um 1400 v. Chr. Stallmeister eines Hethiterkönigs war. Die in hethitischer Sprache und babylonischer Keilschrift auf Tontafeln geschriebenen Texte geben ausführliche Anweisungen über die Pflege und Eingewöhnung sowie über das Training von Pferden, die vor Streitwagen gespannt wurden. Vermutlich erhielten die Hethiter Pferde und Streitwagen von den Indern, denn viele Fachausdrücke und Zahlen im Buch des Kikkuli sind indisch. Sicher sind in diesem Werk die Erfahrungen wiedergegeben, die man einige Jahrhunderte lang im Umgang mit Pferden gemacht hatte.

Kikkuli empfiehlt – ebenso wie viele moderne Fachleute –

Was mußten die Pferde der Hethiter lernen?

die Fohlen früh von der Weide zu nehmen, damit sie sich langsam an den harten Pferdealltag gewöhnen. Er gibt genau an, wieviel Heu, Gras, Salz und Korn ein Pferd am Tag erhalten soll und wie man diese Mengen steigert. Er schreibt die tägliche Entfernung vor, die das Pferd zuerst im Schritt, dann im Trab zurücklegen sollte. Den Galopp erlaubt er erst, wenn das Tier durch Training stark genug ist.

Wir lesen bei ihm auch, daß ein Pferd täglich zum Fluß geführt, dort getränkt und gewaschen werden soll. Anschließend darf es sich im Sand wälzen, dann hat der Pfleger es abzutrocknen und zu striegeln. Hatten die Pferde im Training und in der Dressur eine gewisse Stufe erreicht, wurden sie einer harten Prüfung unterzogen: Man ließ sie 48 Stunden hungern und dursten, dann mußten sie in schwierigem, felsigem Gelände einen schweren Wagen ziehen. Nur Pferde, die diese Prüfung bestanden, wurden in das königliche Gestüt aufgenommen.

Der vielseitige griechische Schriftsteller und Reiterfüh-

Wie erzogen die Griechen ihre Pferde?

rer Xenophon, der etwa von 430 bis 354 v. Chr. lebte, schrieb neben historischen und philosophischen Büchern auch ein Werk „Über die Reitkunst". Xenophon kannte die Stärken und Schwächen der Pferde und wußte, daß sie im Grunde ängstlich sind. Bei Gefahr denken sie zunächst einmal nur an Flucht, nicht an Kampf. Deshalb, so schrieb er, müssen Pferde sorgfältig erzogen und dressiert werden, damit sie diese angeborene Neigung ablegen. Sie lernen zwar langsam, aber was sie einmal gelernt haben, vergessen sie nie wieder.

Besonders wichtig schien Xenophon der vorsichtige und liebevolle Umgang mit Pferden: „Man kann von einem Tänzer nicht erwarten, daß er hohe Sprünge macht, wenn er mit der Peitsche angetrieben wird", schrieb er. Mut und Unerschrockenheit können einem jungen Pferd durch frühzeitige Gewöhnung an Straßenlärm, Feuer, Waffengeklirr und flatternde bunte Tücher antrainiert werden, wenn es gleichzeitig auch viel Liebe und Freundlichkeit erfährt.

Ebenso wie die Griechen überließen die Römer das Zurei-

Was sollten Kriegspferde lernen?

ten ihrer jungen Pferde meist einem Bereiter. Wenn die Tiere, die frühestens mit drei Jahren geritten wurden, in allen Gangarten ruhig unter dem Reiter gingen, wurden leichte Figuren geübt wie Schlangenlinien, Volte, Zirkel.

Die Kriegs- und auch die Paradepferde wurden härter angefaßt. Um ihnen eine edle Haltung zu geben, zäumte man sie mit scharfen Gebissen und verwendete lange Sporen, um sie anzutreiben. Bei Kriegspferden legten sowohl die Griechen als auch die Römer großen Wert darauf, daß die Pferde lernten, durch Schlagen und Beißen an der Schlacht teilzunehmen. Bukephalos, das Pferd Alexanders des Großen, soll seinen Reiter auf diese Weise tatkräftig unterstützt haben.

Die Reiterei spielte im Mittelalter eine wichtige Rolle.

Wie dressierte man die Pferde im Mittelalter?

Dennoch war die Kunst des Reitens, die Dressur, nicht sehr entwickelt. Die Ritter brachten ihre Pferde mehr oder weniger mit Ge-

33

walt dazu, das zu tun, was sie von ihnen verlangten. Sie legten ihnen scharfe Gebisse ins Maul und trieben sie mit bis zu 30 cm langen, spitzen Sporen an. Meist wurde nur im Schritt oder im Galopp geritten. In späteren Zeiten, als die Rüstungen für Pferd und Reiter immer schwerer und starrer wurden, konnte von Reitkunst gar nicht mehr die Rede sein, denn die Ritter konnten sich selbst kaum noch bewegen, geschweige denn den Bewegungen ihrer Reittiere anpassen.

Eine Änderung zeigte sich erst gegen Anfang des 17. Jahrhunderts, als der Franzose Antoine de Pluvinel in Paris eine Reitakademie für junge Edelleute einrichtete. Pluvinel hielt nichts von Schlägen und scharfen Gebissen, er setzte vielmehr auf Geduld und Güte. 1623 veröffentlichte er eine Reitlehre für den König, in der er in Form eines Dialogs zwischen sich und dem König seine Auffassung von der Dressur darlegte. Dieses Buch gehört noch heute zu den Grundlagen der Dressurreiterei, besonders der Hohen Schule, wie sie in der Spanischen Hofreitschule in Wien geritten wird.

Was ist die Spanische Hofreitschule?

Die Spanische Hofreitschule, in der nur Lipizzaner-Schimmelhengste spanischer Abstammung geritten werden, existiert seit 1572. Heute können wir prächtige Vorführungen klassischer Reitkunst in einer Halle in der Wiener Hofburg erleben, die Kaiser Karl VI. 1729 dem Baumeister Fischer von Erlach in Auftrag gab. Die Vorführungen sind nicht mehr ganz so glanzvoll wie zur Kaiserzeit – damals waren die Mähnen der schneeweißen Hengste mit Gold durchflochten, das Stirnband der Trense war ebenso aus Gold wie die Ränder der Schabracken – doch immer noch sehr prächtig.

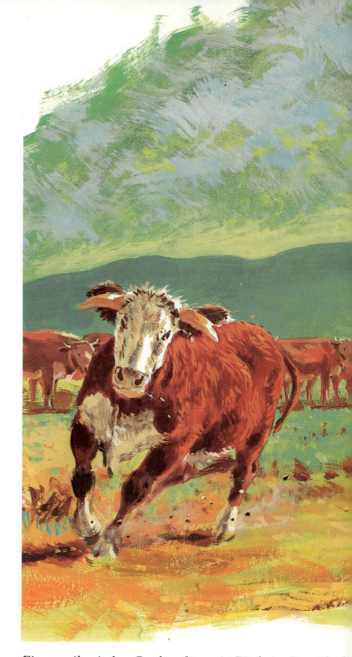

Ein amerikanischer Cowboy fängt ein Rind ein. Das Pferd giert auf Anweisungen, die er ihm durch die Verlagerung se Körpergewichts gibt.

Dressur in der Wiener Reitschule (Courbette).

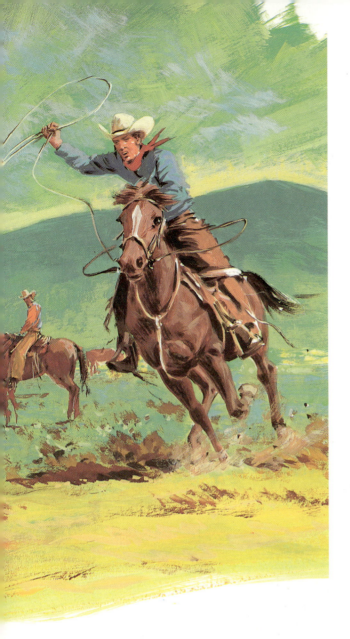

Wie ritten die Indianer?

Im Norden von Amerika entwickelten sich völlig andere Reitstile als in Europa. Die Indianer, die zumeist wilde Pferde zähmten und einritten, benutzten keinen Sattel, und statt Trense ein schmales Lederband um den Unterkiefer des Pferdes. Die Tiere reagierten auf den leisesten Zuruf oder leichte Gewichtsverlagerungen.

Sie waren darauf dressiert, dem Reiter bei der Büffeljagd zu helfen, den Hörnern der Tiere auszuweichen, blitzschnell anzuhalten oder kehrtzumachen. Auch waren sie daran gewöhnt, daß die Reiter sich seitlich herunterließen, um unter dem Hals der Tiere hindurch ihre Pfeile abzuschießen. Die Indianer waren hervorragende Reiter, die sich geschmeidig den Bewegungen ihrer Pferde anpaßten und mit ihnen zu einer Einheit verschmolzen.

Welche Pferde brauchten die Cowboys?

Die Cowboys hatten die großen Rinderherden zusammenzuhalten, sie zu anderen Weiden zu treiben oder Tiere mit dem Lasso aus der Herde herauszuholen. Ihre Pferde mußten furchtlos an das Vieh herangehen, auf kleinste Hilfen des Reiters reagieren und zum Beispiel sofort stehenbleiben, wenn sich das Lasso um das Hinterbein eines verfolgten Tieres gezogen hatte. Wenn das Rind zu Boden geworfen war, mußte der Cowboy blitzschnell bei ihm sein, um es zu fesseln und das Brandzeichen anzubringen oder es zu behandeln, wenn es verletzt war.

Die Cowboys benutzten prächtige Sättel und Zaumzeuge, die mit Ornamenten und viel Zierat geschmückt waren. Ihre Sättel waren bequemer als die europäischen, und sie hatten vorne ein starkes

Wiener Reitschule: Levade unter dem Reiter.

35

Horn, um das der Reiter sein Lasso schlingen konnte, wenn er ein Rind eingefangen hatte.

Was ist der italienische Springsitz?

Wenn wir Bilder von Reitjagden vor hundert Jahren sehen, kommt uns die Haltung der Reiter über dem Sprung ziemlich merkwürdig vor. Sie sitzen steif im Sattel, die Beine gerade nach vorn gestreckt, als hätten sie in einem Lehnstuhl Platz genommen. Die Jockeis saßen auf ihren Pferden ähnlich.

Heute dagegen hockt der Jockei geduckt und weit nach vorne gelehnt auf seinem Pferd, und der Springreiter hebt sich über dem Sprung ein wenig aus dem Sattel, um sich über den Pferdehals zu beugen. Wie ist es zu dieser Veränderung gekommen?

Der italienische Rittmeister Federico Caprilli (1868–1907), Ausbilder an den Kavallerieschulen Pinerolo und Tor di Quinto, studierte bei seiner Arbeit gründlich die Bewegungen von Pferden in allen Gangarten. Dabei fiel ihm auf, daß der Impuls zur Aufwärts- und Vorwärtsbewegung beim Galopp und beim Sprung aus der Hinterhand kommt. Um es dem Pferd nicht schwerer zu machen als nötig, wäre es also sinnvoll, bei dieser Bewegung mit dem eigenen Körpergewicht nach vorn zu gehen und den Rücken zu entlasten. Damit hätte das Pferd sehr viel mehr Bewegungsfreiheit und könnte auch bessere Leistungen zeigen.

Caprilli erfand den sogenannten italienischen Springsitz und stellte die Zweckmäßigkeit selbst unter Beweis: 1902 übersprang er bei einer Hochsprungkonkurrenz in Turin mit seinem Pferd 2,08 m, damals ein Rekord.

Ted Sloan, ein amerikanischer Jockei, machte etwa zur gleichen Zeit wie Caprilli die Entdeckung, daß der Reiter sich im Galopp möglichst weit nach vorn legen müsse. Zuerst wurde er nur ausgelacht und die Leute sagten, er reite „wie ein Affe auf dem Schleifstein". Als er aber ein Rennen nach dem anderen gewann, waren seine Kollegen bald überzeugt und ahmten ihn nach.

Wie dressiert man Zirkuspferde?

Dressierte Pferde, die bei Volksfesten vorgeführt wurden, gibt es wohl schon so lange, wie Menschen mit Pferden leben. Die Assyrer kannten „Steigepferde", die auch dazu abgerich-

Diese beiden Bilder machen deutlich, wie sich der Sitz des Reiters verändert hat. Auf dem Bild unten, das das Rennen im Jahre 1845 zeigt, sitzen die Jockeys aufrecht und strecken die Beine steif nach vorn. Seit der Jahrhundertwende legt sich der Reiter möglichst weit nach vorn, um das Pferd zu entlasten.

tet waren, sich hinzuknien und wie schlafende Menschen auf die Seite zu legen. Eine solche Lektion gehört bei mongolischen Völkern heute noch zu den Gehorsamsübungen. Im antiken Griechenland und Rom wurden freilaufende Pferde ähnlich wie heute im Zirkus vorgeführt. Man zeigte tanzende und auf Tambourins den Takt schlagende Pferde, Pferde, die durch brennende Reifen sprangen und Bären auf dem Rücken trugen.

All diese Dressurleistungen beruhen auf der sorgfältigen Beobachtung der angeborenen Verhaltensweisen und Bewegungen von Pferden und dem Vertrauen, das das Tier zu seinem Dresseur entwickelt. Wenn es von ihm nie Schlechtes erlebt hat, tut es auf sein Kommando auch Dinge, vor denen es eigentlich eine angeborene Angst hat.

Manche Zirkusdirektoren sind heute Meister der Freiheitsdressur und beherrschen ihre Araber- oder Lippizanerhengste auf großartige Weise mit ihrer Peitsche.

Können Pferde zählen?

Freiheitsdressuren sind möglich, weil Pferde kleinste Bewegungen und leiseste Zurufe wahrnehmen und sich deren Bedeutung über sehr lange Zeit merken. Verblüffung lösen bei Zuschauern im Zirkus oder auf dem Jahrmarkt oft „zählende" Pferde aus.

Natürlich können diese Pferde nicht wirklich zählen; sie beobachten aber ihren „Meister" genau und beginnen auf ein kaum merkliches Zeichen von ihm, mit den Hufen zu scharren oder auf den Boden zu schlagen. Auf einen weiteren Wink hören sie auch wieder auf.

Für den Effekt der Vorführung sorgt unter anderem die Tatsache, daß Pferde einen anderen Blickwinkel haben als wir: Sie können besser zur Seite sehen als geradeaus und nehmen Bewegungen wahr, von denen wir glauben, sie seien für sie nicht sichtbar.

Zuweilen werden allerdings Geschichten berichtet, die so einfach nicht zu erklären sind. So erfuhr Bernhard Grzimek von dem Pferd eines Berliner Kohlenhändlers, das beim Beladen des Wagens immer den Kopf verrenkte, um zu sehen, wieviel Säcke Kohlen aufgeladen wurden. Wenn nur ein einziger Sack mehr aufgeladen wurde als üblich, ließ sich das Pferd nicht durch gute Worte oder die Peitsche dazu bewegen, den Wagen anzuziehen.

Ein Araber-Gestüt in Tunesien.

Pferde und Pferdezucht heute

Woher stammt das arabische Vollblutpferd?

Die arabischen Pferde stammen von Tieren ab, die in den innerasiatischen Steppen lebten und vor rund 3000 Jahren mit den Persern nach Mesopotamien und Kleinasien gelangten, später von dort auch nach Ägypten. Nach dem Verfall der babylonischen und ägyptischen Kulturen und dem Zusammenbruch des Römischen Reiches nahmen sich die Beduinen der Wüsten-Hochebene von Nedjd der Tiere an und züchteten daraus die wichtigste und wohl herrlichste Pferderasse der Welt.

Über ihre Entstehung gibt es in Arabien zwei Legenden: Mohammed, so erzählt man, nahm auf seiner Reise von Mekka nach Medina eine kleine Herde von Pferden mit. Als er nach tagelangem

Ritt durch die Wüste eine Oase erreichte, eilten die durstenden Pferde zum Wasser, um sich zu erfrischen. Mohammed rief sie jedoch zurück, um ihren Gehorsam zu erproben; sieben Stuten kehrten trotz ihres Durstes um und kamen zu ihm. Von diesen Stuten stammen die arabischen Vollblüter ab. Einer anderen Legende nach haben die arabischen Pferde keine Ahnen – Allah selbst schuf sie aus einer Hand voll Wind.

Die Beduinen entdeckten, daß ein Fohlen von makellosen Eltern deren gute Eigenschaften nicht nur in sich vereinigt, sondern sie sogar weiter verbessern kann. Ebenso treten die Schwächen der Elterntiere beim Fohlen verstärkt auf. Weiter erkannten die Züchter, daß durch Kreuzung blutsverwandter Tiere oft die besten Eigenschaften der Eltern vervielfältigt in ihren Nachkommen zum Vorschein kommen. Gezielte Inzucht führte dazu, daß arabische Vollblüter ihre typischen Eigenschaften – Genügsamkeit, Ausdauer, Intelligenz, Schönheit und Sanftmut – ganz zuverlässig vererben. Das Leben unter den extremen Bedingungen der Wüste sorgte immer wieder für eine natürliche Auslese. Araber werden heute in allen Teilen der Welt gezüchtet. Die schönsten und reinblütigsten Tiere stehen wahrscheinlich in den Ställen des Staatsgestüts El Zahraa bei Kairo. Da reinrassige Araber heute so wertvoll sind, setzt man sie nicht mehr dem harten Leben in der Wüste aus und weicht damit von dem Prinzip ab, das die Araber erst zu dem machte, was sie sind. Nur wenige Beduinenstämme züchten die Tiere noch so wie ihre Vorfahren: nicht nach Schönheit, sondern nach Ausdauer und Härte.

Warum veredelt der Araber andere Pferderassen?

Fast alle Warmblutrassen der Welt führen Araberblut in den Adern, und immer wieder werden arabische Hengste zur Blutauffrischung eingekreuzt. Führt man zum Beispiel eine starke, zugkräftige und schwere Stute einem Araberhengst zu, wird ihr Fohlen leichter, intelligenter und ausdauernder. Den größten Anteil an Araberblut führen von allen deutschen Rassen die Ostpreußen Trakehner Abstammung. Eine große Rolle spielte der Araber auch bei der Entwicklung des Englischen Vollbluts.

Was sind Vollblüter?

Als Vollblutpferde werden nur reinrassige Araber und Tiere anerkannt, deren Abstammung väterlicher- und mütterlicherseits bis zum „General Stud Book", dem 1793 in England erschienenen Gestütbuch der englischen Rennpferde, zurückverfolgt werden kann. In dieses Gestütbuch wurden nur Pferde aufgenommen, die sich jahrzehntelang in Rennen bewährt hatten und einen der drei orientalischen Hengste zu ihren Ahnen zählten, die Ende des 17. und Anfang des 18. Jahrhunderts nach England eingeführt worden waren: „Darley Arabian", „Byerley Turk" und „Godolphin Arabian".

Diese Hengste paarte man mit bodenständigen englischen Stuten, die sich

Das Araberpferd, der Stammvater vieler Rassen.

Der Hannoveraner ist ein deutsches Warmblut.

Rheinische Kaltblutpferde.

durch Schnelligkeit ausgezeichnet hatten. Die ersten Englischen Vollblüter besaßen nur eine Widerristhöhe von etwa 150 cm. Heute mißt man bis zu 170 cm.

Pferde, die zur Arbeit oder in der Freizeitreiterei verwendet werden, sind fast ausschließlich Warm- oder Kaltblüter. Die Namen „Warmblut" und „Kaltblut" bedeuten nicht etwa, daß die Vertreter der einen Gruppe warmes und die der anderen kaltes Blut besitzen. Die Unterschiede liegen vielmehr in der äußeren Erscheinung und im Temperament. Warmblüter sind mittelschwere bis leichte, lebhafte Reit- und Wagenpferde. Kaltblüter dagegen sind von massiger Gestalt und ruhigem Temperament, sie bewegen sich langsam und bedächtig, sind kaum aus der Ruhe zu bringen und sehr gutmütig.

Was bedeutet Warmblut und Kaltblut?

Ostpreußen, Hannoveraner und Holsteiner sind bekannte deutsche Warmblutrassen, Schleswiger, Rheinisch-Deutsche und Süddeutsche Kaltblüter bekannte Kaltblutrassen.

Eine eigene Rasse bilden die Traber, die sich durch einen besonders raumgreifenden, starken Trab auszeichnen. Traber entstanden aus der Kreuzung von einfachen Landpferden, die in Trabrennen erfolgreich waren, mit Englischen Vollblütern. Sie wurden mit dem Ziel gezüchtet, gute Wagenpferde zur Verfügung zu haben.

Wer war der Ahnherr der Traber?

Ein Pferdeschicksal aus der Frühzeit des Trabrennsportes soll hier erzählt werden: Im Jahre 1849 entdeckte der amerikanische Bauer Jonas Seely aus Sugar Loaf eine edle, doch etwas verkrüppelte Stute, die zum Schlachthof gebracht werden sollte. Vielleicht tat ihm die Stute einfach leid, vielleicht erkannte er auch ihre gute Abstammung – jedenfalls kaufte er sie für wenig Geld und führte sie mit dem Hengst Abdallah, in dessen Ahnenreihe mehrfach der Englische Vollbluthengst „Messenger" auftauchte, zusammen. Messenger wiederum war ein Nachkomme von „Darley Arabian", der 1706 aus Syrien nach England gebracht worden war. Später stellte sich heraus, daß auch die Stute, die man nach ihrem früheren Besitzer einfach „Charles Kent's Mare" (mare heißt Stute) nannte, von „Messenger" abstammte. Das Fohlen aus dieser Verbindung und die Stute verkaufte Seely an seinen Knecht William Rysdyk, der sich interessiert gezeigt hatte.

Der Vollblut-Hengst Hambletonian wurde der Stammvater aller amerikanischen Traberpferde.

Rysdyk wurde durch diesen Kauf reich, denn das Hengstfohlen „Hambletonian 10" gedieh prächtig und wurde zu einem hervorragenden Traber-Vererber. Er gilt heute als der Stammvater der amerikanischen Traberzucht. In 21 Zuchtjahren zeugte er 1321 Fohlen, auf die er seine Leistungsfähigkeit und äußeren Merkmale übertrug.

Wie trabt das Pferd im Rennen?

Im Trab bewegt das Pferd seine Beine diagonal und paarweise: rechtes Vorder- und linkes Hinterbein gleichzeitig, dann linkes Vorder- und rechtes Hinterbein. Während der Hinterhuf normalerweise im versammelten Trab eine Hufbreite hinter der Spur des Vorderhufes zurückbleibt, greift er im Renntrab weit am Vorderhuf vorbei. Um die Vorderbeine nicht zu verletzen, führt der Renntraber die Hinterbeine seitlich an den Vorderbeinen vorbei. Da die Rückenmuskulatur beim Traber wenig beansprucht wird, haben Tiere dieser Rasse oft einen recht schwachen Rücken, dafür sehr gestreckte, muskulöse Hinterbeine. Wegen ihrer starken Hinterhand sind Traber oft sehr gute Springpferde.

Was ist Paßgang?

Im Paßgang bewegt das Pferd immer die Beine einer Seite gleichzeitig nach vorn: linkes Vorder- und Hinterbein, dann rechtes Vorder- und Hinterbein. Bekannt ist diese Gang-

Jedes Pferd hat drei Grundgangarten: Schritt, Trab und Galopp.

Schritt   *Trab*   *Galopp*

art vor allem von Kamelen, Elefanten und Bären. Für den Reiter ist der Paßgang sehr angenehm: Er spürt ihn als weiche Schaukelbewegung.

Im deutschen Fahr-Rennsport ist Paßgang unbekannt. In Amerika gibt es eigene Paßrennen mit dem Sulky, dem zweirädrigen Spezialwagen für Trabrennen.

Der Tölt ist eine nicht allen Pferderassen

Was ist ein Tölter?

angeborene zusätzliche Gangart. Das Pferd bewegt sich wie im Schritt in einem Viertakt, kann aber dabei Galopptempo erreichen. Der Reiter sitzt beim Tölt ruhig und erschütterungsarm, weil die Bewegung ganz gleichmäßig und ohne Schwebephase abläuft. Zu den bekanntesten Töltern zählen die robusten, temperamentvollen Island-Ponys, die seit etwa 1000 Jahren auf Island rein gezüchtet und meist halbwild gehalten werden.

Die Ordensritter, die sich im 13. Jahr-

Wie entstand das Trakehner Warmblutpferd?

hundert in Ostpreußen ansiedelten, begannen, aus den kleinen, harten ostpreußischen Landpferden, den Schweiken, durch Kreuzung mit orientalischen Hengsten größere, elegantere Reitpferde zu züchten. Einen großen Aufschwung nahm die ostpreußische Pferdezucht ab 1732, als König Friedrich Wilhelm I. das Gestüt Trakehnen gründen ließ, um ausreichend gute Nachwuchspferde für seine Kavallerie zur Verfügung zu haben.

Im Laufe der folgenden Jahrzehnte wurden immer wieder Araber und Englische Vollblüter als Deckhengste für die ostpreußischen Stuten eingesetzt, bis das typische Trakehner Warmblutpferd entstanden war: Ein schönes, ausdauern-

des Pferd mit kraftvollen, raumgreifenden Gängen, kleinem, ausdrucksvollem Kopf und lebhaften, intelligenten Augen. Trakehner sind sowohl als Reit- und Wagenpferde wie auch für die Arbeit in der Landwirtschaft geeignet. Die meisten Tiere dieser Rasse wurden bis zum Zweiten Weltkrieg in der Kavallerie verwendet. Große Erfolge errangen sie aber auch im Pferdesport. Die Liste der Trakehner, die olympische Medaillen gewannen, ist lang; genannt seien nur „Kronos", der 1936 die Große Dressurprüfung gewann, „Nurmi", der Sieger in der Vielseitigkeitsprüfung bei den gleichen Spielen und „Knaust", 1948 und 1952 Goldmedaillengewinner in der Dressur.

Im Zweiten Weltkrieg wurde das Gestüt Trakehnen zerstört und die privaten Zuchtstätten aufgelöst. Heute werden ostpreußische Pferde Trakehner Abstammung vor allem in der Bundesrepublik, der DDR, in Polen und der Sowjetunion gezüchtet.

Niedersachsen ist immer ein pferderei-

Welche Pferde sieht man bei der Celler Hengstparade?

ches Land gewesen. Die gekreuzten Pferdeköpfe an den Giebeln vieler alter Bauernhäuser legen davon ebenso Zeugnis ab wie das Landeswappen: ein springendes Roß. Die Hannoveraner, die in Niedersachsen vor allem gezüchtet werden, stellen heute die Hauptmasse aller Reit- und Wagenpferde. Wegen ihres Springvermögens sind die Hannoveraner auch aus dem Turniersport nicht wegzudenken.

Seit dem 18. Jahrhundert existiert die hannoversche Pferdezucht. Georg I. von England, als Georg Ludwig Kurfürst von Hannover, brachte bald nach seiner Thronbesteigung im Jahre 1714 englische Vollbluthengste nach Niedersachsen – die ersten Vollbluthengste, die in

Deutschland in der Zucht eingesetzt wurden. 1735 gründete sein Sohn Georg II. das Landgestüt Celle, das noch heute den Mittelpunkt der Hannoveraner-Zucht bildet. Den Grundstock des Hengstbestandes bildeten 14 Holsteiner Rapphengste. Durch weitere Einkreuzung von Vollblütern wurde aus dem ursprünglich recht schweren niedersächsischen Pferd ein elegantes, vielseitiges Reitpferd.

Bei der jährlichen Celler Hengstparade kann man Schönheit und Leistungen der Hannoveraner bewundern; zweimal im Jahr finden sich Kauflustige aus aller Welt in Verden ein, um bei der dortigen Auktion für die wertvollen Pferde um die Wette zu bieten.

Trakehner-Stute mit Schimmelfohlen. Die edelste Rasse deutscher Warmblutpferde stammt aus Ostpreußen.

Zu welcher Rasse gehörte „Meteor"?

Älter als die Rasse der Hannoveraner ist die der Holsteiner. Bereits im frühen Mittelalter blühte im „Land zwischen den Meeren" die Pferdezucht. Im 16. Jahrhundert wurden spanische Hengste zur Veredelung eingeführt, im vorigen Jahrhundert englische Vollbluthengste, die den Typ des heutigen Holsteiners stark prägten.

Die Holsteiner Pferde sind sehr groß, wohlproportioniert und temperamentvoll. Wie die Hannoveraner, zu deren Stammvätern sie gehören, haben sie hervorragendes Springvermögen und spielen im Turniersport eine große Rolle. Die Holsteiner Stute „Tora" zum Beispiel gewann bei den Olympischen Spielen 1936 die Goldmedaille in der Springprüfung. Weltbekannt wurde „Meteor", der unter seinem Reiter Fritz Thiedemann dreimal an Olympischen Spielen teilnahm und zahllose Preise gewann, darunter auch Goldmedaillen. Holsteiner Pferde bewähren sich aber nicht nur im Sport und in der Landwirtschaft, sie sind auch hervorragende Wagenpferde. Noch heute stehen in den Marställen der Könige von Dänemark und Schweden Holsteiner, die bei festlichen Anlässen vor die Staatskarosse gespannt werden.

Fritz Thiedemann auf „Meteor".

Kaltblüter ziehen gemächlich die Brauereiwagen.

Welche sind die ruhigsten aller Pferde?

Wahre Pferdekolosse in blitzendem Geschirr ziehen beim Münchner Oktoberfest die Bierwagen. Ruhigen Schritts nehmen sie ihren Weg, weder der prunkvolle Kopfputz mit Ohrenhauben, Beißkorb und allerlei Schmuck macht sie scheu, noch die Menschenmenge, die ihren Weg säumt. Die meisten dieser Pferde gehören zu einer Rasse, die schon seit Jahrhunderten für die Arbeit in der Landwirtschaft gezüchtet wird: Es sind Rheinische Kaltblüter. Noch nach dem Zweiten Weltkrieg wurden Kaltblüter als Zug- und Arbeitstiere eingesetzt und schienen unentbehrlich. Kaltblüter sind gutwillig und arbeitsfreudig, genügsam und außerordentlich stark. Schneller als gedacht wurden sie aber durch die zunehmende Motorisierung in allen Bereichen der Wirtschaft und auch der Landwirtschaft von Maschinen verdrängt. Heute sieht man die stattlichen Pferde nur noch selten – vor

Connemara-Ponys gehören zu den beliebtesten Freizeitpferden für Kinder und Erwachsene.

Ein Shetlandponyfohlen. Diese Rasse ist klein, aber äußerst robust.

dem Bierwagen in prächtigem Aufputz oder bei Reitturnieren, wo sie die Schaunummern bereichern.

Die größten Kaltblüter der Welt sind die englischen Shires. Sie erreichen eine Widerristhöhe um 2 Meter und stammen wahrscheinlich von den Schlachtrossen der Reiterzeit ab. In Deutschland sind die Rheinisch-Deutschen Kaltblüter am weitesten verbreitet, die mit den Belgiern nahe verwandt sind und etwa 160 cm hoch werden. Nach dem Zweiten Weltkrieg ging auch ihre Zucht stark zurück.

Was ist das Besondere an Ponys?

Als Ponys oder Kleinpferde bezeichnen wir alle Pferde, deren Widerristhöhe nicht mehr als 147,3 cm mißt. Ponys sind also klein, aber sehr kräftig (die meisten können auch erwachsene Reiter tragen), zäh und genügsam. Sie leisten oft Unvorstellbares an Mut, Ausdauer und Geschicklichkeit. In der Regel haben sie ein ruhiges, ausgeglichenes Temperament und sind deshalb auch als Reittiere für Kinder und wenig reiterfahrene Erwachsene beliebt.

Zur raschen Verbreitung dieser Kleinpferde trägt auch ihre billige, unkomplizierte Haltung bei: Sie brauchen keinen Stall, sondern bleiben das ganze Jahr über im Freien; nur sehr selten suchen sie in einem Unterstand Schutz. Ihr dickes, mehrschichtiges Winterfell hält Nässe und Kälte ab.

Welche Ponys nahmen an Olympischen Spielen teil?

Zwei Ponys haben es bisher schon einmal geschafft, an Olympischen Spielen teilzunehmen: „Little Model" startete bei den Olympischen Spielen 1960 in Rom für Großbritannien in der Dressur und „Stroller" errang 1968 bei den Spielen in Mexiko sogar eine Silbermedaille im Springen! Beide Ponys hatten eine Widerristhöhe von 145 cm; ihre Eltern waren Connemara-Stuten und Vollbluthengste.

Connemara-Ponys sind eine alte, bodenständige Rasse von der Westküste Irlands. Vermutlich fließt in ihren Adern nicht nur das Blut Englischer Vollblüter, die immer wieder eingekreuzt wurden, sondern auch das spanischer Kriegspferde, die die Kelten nach Irland eingeführt haben. Die temperamentvollen Pferdchen sind für Turniersport und Freizeitreiten gleichermaßen geeignet.

45

Seit wann gibt es Isländer?

Die Island-Ponys stammen von den norwegischen Fjord-Pferden ab und wurden vor rund 1000 Jahren von den Wikingern auf die wilde Insel im Nord-Atlantik gebracht. Damals wie heute sind sie die wichtigsten Arbeits- und Fleischtiere auf Island und oft die einzigen Transportmittel. Von den rund 50 000 Tieren, die auf Island leben, werden die meisten halbwild gehalten, das heißt, sie sind das ganze Jahr über sich selbst überlassen. Fremde Rassen wurden seit dem 10. Jahrhundert nicht eingekreuzt, denn die Menschen auf der Insel befürchteten, daß mit fremden Pferden auch Seuchen eingeschleppt werden könnten, und das hätte die Existenz nicht nur der Pferde, sondern auch der Menschen gefährdet.

Reine Arbeitstiere waren ursprünglich auch die kleinsten aller Pferde: die Shetlandponys. Wir kennen sie nur als gelehrige, gutmütige Kinderponys, die wie Spielzeugtiere aussehen. Doch Shetlandponys sind erstaunlich stark: Sie ziehen leicht kleine Kutschen, in denen auch Erwachsene sitzen können. „Shetties" bewegen bis zum Zwanzigfachen ihres Körpergewichtes.

Island-Ponys sind unkomplizierte Kinderpferde.

Welches Pferd stammt aus dem Norden?

Genügsame Robustpferde, die bei Freizeitreitern immer beliebter werden, sind die Norweger oder Fjord-Pferde. Diese Ponys werden bis 145 cm hoch, haben meist falbfarbenes Fell mit einem deutlichen Aalstrich, der sich vom Genick durch die Mähne bis zur Schweifrübe zieht. Oft wird die Stehmähne so in Form geschnitten, daß der mittlere dunkle Streifen über die seitlichen hellen Haare hinausragt. Das Fjord-Pferd ist kräftig, gutmütig und eignet sich für Distanz- oder Geschicklichkeitsritte, zum Voltigieren oder als Wagenpferd. Auch in der Landwirtschaft wird es eingesetzt. Es gilt als Vertreter einer uralten, bis in die vorgeschichtliche Zeit zurückreichenden Rasse und ist wahrscheinlich eng mit dem Przewalski-Pferd verwandt.

Das Fjord-Pferd ist genügsam und kräftig.

Wo leben in Deutschland noch wilde Pferde?

Im Merfelder Bruch bei Dülmen in Westfalen hält der Herzog von Croy in einem Gebiet von etwa 300 Hektar noch eine Herde von rund 200 wildlebenden Ponys. Die Herde ist das ganze Jahr über sich selbst überlassen, nur einmal – am letzten Sonnabend im Mai – werden die Jährlingshengste eingefangen und versteigert. Anschließend wird die Herde in zwei Gruppen geteilt und jede bekommt einen vom Züchter ausgewählten Hengst zugestellt.

Die ausgesonderten „Dülmener" werden versteigert und meist als Kinderreitponys ausgebildet oder vor der Kutsche gefahren.

Dülmener Wildpferde sind beliebte Zug- und Kinderponys.

Der Ort Hafling in Südtirol gilt als Ursprungsort einer Pferderasse, die durch Kreuzung kleiner und schwerer Gebirgspferde mit orientalischen Pferden entstand. Stammvater ist der hellbraune Halbbluthengst „Folie", dessen Mutter eine Tiroler Stute und dessen Vater der Araberhengst „El Bedavi XXII" war. „Folie" hatte hellbraunes Fell, eine helle Mähne und einen hellen Schweif; diese Färbung hat sich immer weiter vererbt und gilt heute als „Markenzeichen" der Haflinger.

Haflinger sind kleine, kräftige Trag- und Zugtiere, die auch wegen ihrer Tritt-

Der Haflinger, ein hellmähniger Fuchs, wird viel als Reit- und Fahrpony eingesetzt.

sicherheit im Gebirge unentbehrlich sind. Ende der 60 Jahre wurden einige Tiroler Pferde nach Bhutan im Himalaja exportiert und haben die dortige Pferdezucht bis heute stark beeinflußt. Heute wird der hellmähnige Fuchs vielseitig als Reit- und Fahrpony für Kinder und Erwachsene eingesetzt.

> **Welches Pferd hilft dem Bergbauern?**

Der Körperbau des Pferdes

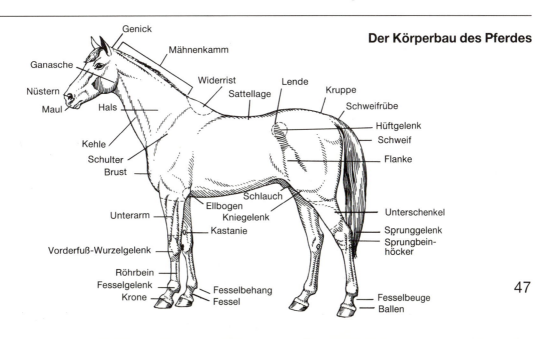

Zur Verwandtschaft des Pferdes gehören Esel und Zebra. Sie lassen sich miteinander paaren. Die Eltern des Maultieres sind ein Eselhengst und eine Pferdestute.

Maultier

Zebra

Esel

Sind Esel und Pferde verwandt?

Esel, Zebras und Pferde gehören zur Gruppe der Pferdeartigen. Sie alle weisen in Gestalt und Lebensgewohnheiten viele wesentliche Gemeinsamkeiten auf. Wann sich von dem Equus des Pleistozäns Esel und Zebra abgespalten haben, ist nicht bekannt. Jedenfalls ist ihre Verwandtschaft untereinander so groß, daß sich sowohl Zebras und Pferde als auch Pferde und Esel miteinander kreuzen lassen.

Um ein Tragtier zu erhalten, das die Größe und Kraft des Pferdes mit der Trittsicherheit des Esels vereinigte, begann man schon im Altertum, Esel und Pferd miteinander zu kreuzen. Dabei entstand als brauchbarstes Exemplar das Maultier – eine Kreuzung zwischen Eselhengst und Pferdestute. Leider sind Maultierhengste unfruchtbar, so daß immer neue Kreuzungen zur Maultierzucht notwendig sind. Der Maulesel – eine Kreuzung zwischen Pferdehengst und Eselstute – wird fast nur in Abessinien gezüchtet.

Zebras sind die einzigen Mitglieder der Pferdefamilie, die sich nicht haben zähmen lassen. Anders als Wildpferde neigen Zebras nicht dazu, sich ranghöheren Artgenossen unterzuordnen; bei der Zähmung ist dies der Mensch. Nur sehr selten sieht man ein dressiertes Zebra im Zirkus, und auch die Tiere, die im Zoo geboren werden, verlieren ihre Wildheit nie ganz.

Die Zukunft des Pferdes

Die große Rolle des Pferdes ist ausgespielt. Die Zeiten, in denen es ferne Länder eroberen half und sich auf den Schlachtfeldern behauptete, sind lange vorüber. Auf den Höfen der Bauern stehen heute modernste Maschinen, und ein Pferd im Straßenbild einer Großstadt ist bereits eine Seltenheit.

Nur der Pferdesport hat nichts von seiner Anziehungskraft eingebüßt. Im Gegenteil, er gewinnt immer mehr Anhänger. Auf Ponyhöfen kann man Urlaub auf dem Pferderücken machen, und bei Turnieren und Wettkämpfen drängen sich die Zuschauer wie eh und je. Berühmte Springreiter sind ebenso beliebt wie Fußballstars, und das Heer der Freizeitreiter wächst unaufhörlich. Der Tag des Pferdes, alle vier Jahre in den zwischenolympischen Jahren am zweiten Sonntag im Oktober (nächster 1986) schließlich bestätigt, welch große Bedeutung diesem Gefährten des Menschen heute noch zukommt.

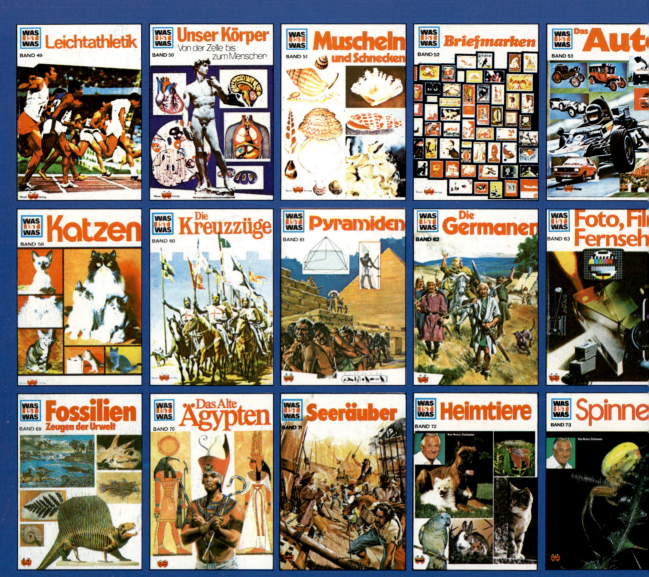

Die Reihe wird fortgesetzt.